**기독교문서선교회** (Christian Literature Center: 약칭 CLC)는 1941년 영국 콜체스터에서 켄 아담스에 의해 시작되었으며 국제 본부는 미국 필라델피아에 있습니다. 국제 CLC는 약 650여 명의 선교사들이 59개 나라에서 180개의 서점을 운영하며 이동 도서 차량 40대를 이용하여 문서 보급에 힘쓰고 있으며 이메일 주문을 통해 130여 국으로 책을 공급하고 있는 국제적 문서선교 기관입니다.

추천사 1

강 준 민 목사
LA 새생명비전교회 담임목사

저자의 탁월한 지성과 깊은 감성 그리고 영성이 아름다운 조화를 이루어 한 편의 귀한 작품이 탄생했습니다. 『추임새로 세워지는 삶』은 단순한 신앙 서적이 아니라 독자들이 영적 성장과 삶의 변화를 경험하도록 돕는 깊은 통찰을 담고 있습니다.

저자는 훌륭한 목회자이자 설교학 교수로서, 오랜 세월 동안 말씀을 연구하고, 이를 삶 속에서 체화해 왔습니다. 저자는 이 책에서 그리스도인이 일상에서 복음을 어떻게 적용할 것인가를 고민하며, 실천적인 방향을 제시합니다. 이 책을 통해 독자들은 믿음의 추임새를 더하며 신앙의 리듬 속에서 더욱 단단히 세워지는 은혜를 경험하게 될 것입니다.

또한, 저자는 끊임없이 배우고 연구하며 이를 제자들과 성도들에게 나누는 평생 학습자의 삶을 살고 있습니다. 저자의 글은 단순한 지식 전달이 아니라 신앙의 여정에서 얻은 깊은 통찰과 깨달음을 담고 있어 독자들에게 더욱 생생하게 다가옵니다. 저는 이 책을 균형 잡힌 신앙생활을 통해 사명자의 길을 걷기 원하는 분들에게 추천하고 싶습니다. 또한, 하나님의 언약을 깊이 알고 그 언약을 붙잡고 살아가길 원하는 분들에게 추천하고 싶습니다. 이 책을 하나님과 깊이 동행하기를 원하는 모든 분에게 추천하고 싶습니다.

추천사 2

정 성 욱 박사
덴버신학교 조직신학 교수, 한국어부 학장

성삼위일체 하나님의 놀라우신 은혜로 안정현 목사님의 귀한 저서가 출간되었습니다. 하나님께 깊은 감사를 드립니다. 목사님께도 진심으로 축하드립니다.

안정현 목사님은 지난 수십 년 동안 성경과 신학과 설교의 연구자로서 타의 추종을 불허하는 탁월한 실력을 보여 주셨습니다. 그 결과 현재 샌디에고베델교회의 담임목사로 그리고 덴버신학대학원 한국어 석박사 과정의 설교학 교수로 섬기고 있습니다.

안 목사님은 연구자로서뿐만 아니라 현장의 목회자와 설교자, 영성 지도자 그리고 멘토로서도 탁월성을 보여 주셨습니다. 안 목사님은 진정 이 시대에 보기 드문 목회자요, 신학자입니다. 그는 실력과 영성을 공히 갖춘 빛나는 보배입니다.

이 책은 안 목사님의 실력과 영성을 극명하게 드러내고 있으며 한국의 민중문화에서 비롯된 추임새를 착상으로 했다는 것 역시 탁월한 선택입니다. 또한, 이 책은 추임새의 흥과 신바람과 가락을 사용하여 다양한 신학적, 실천적, 영성적 주제를 다루고 있습니다. 그 내용이 깊은 통찰을 담고 있을 뿐만 아니라 적용점 역시 시의적절합니다.

오늘 이 시대의 참된 신학과 영성을 추구하기 위해 분투하는 모든 교회 지도자와 성도에게 『추임새로 세워지는 삶』을 적극적으로 추천합니다. 꼭 "들고 읽어"(tolle et lege) 보십시오. 예기치 못한 놀라운 영적 유익을 얻게 될 것입니다.

추천사 3

김한요 목사
베델교회 담임목사

또 하나의 베델교회가 샌디에고에 있습니다. 26년 전 샌디에고에 베델교회가 '얼쑤'하며 추임새와 더불어 탄생했습니다. 사반세기가 지난 이 시간에도 하나님의 응원과 격려로 안정현 목사님의 추임새는 계속됩니다.

연약하여 넘어지기 잘하는 우리에게 안 목사님의 『추임새로 세워지는 삶』은 다시 일어서는 용기를 줍니다. 특별히 기도부터 시작되는 가장 기본적인 신앙의 삶을 하나님의 격려가 담긴 추임새로 풀어내는 것이 큰 위로가 됩니다.

때로 실패하여 넘어질 수밖에 없었던 요인들이 오히려 하나님이 우리에게 주신 격려의 추임새였음을 안 목사님의 신선한 안목으로 풀어내고 있습니다.

동시에 변하지 않는 하나님의 약속을 아담에서 예레미야까지 그 격려의 추임새로서 성경의 맥을 이어갑니다. 감동과 흥미로 단숨에 읽어갈 귀한 책을 자신 있게 추천합니다.

추천사 4

피 영 민 박사
한국침례신학대학교 총장

　신앙에도 균형과 조화가 필요하고, 신학에도 균형과 조화가 필요하다는 진리를 필자는 추임새라는 국악 용어로 절묘하게 표현하고 있습니다. 제1부는 신앙생활의 실천적인 측면에서 음정과 박자의 조화를 강조하고 있고, 제2부에서는 "언약"을 중심으로 본 신학적인 음정과 박자의 조화를 강조하고 있습니다.
　침례교는 전통적으로 "복음과 실천"의 두 측면의 균형을 이루려는 특징을 가지고 있습니다. 한국과 미국의 침례교 신학 교육을 두루 섭렵하고 미국과 멕시코의 국경 지역인 샌디에고에서 오랫동안 목회 실무를 쌓아 오신 저자의 저술에서 신앙과 실천의 두 가지 측면이 조화를 이루어야 한다는 목회적 배려심을 읽을 수 있습니다.
　부디 독자들이 이 책을 통해서 추임새 있는 신앙과 신학의 소유자가 되시기를 기원하며 적극 추천합니다.

추천사 5

김 관 성 목사
낮은담교회 담임목사

　우리는 살아가면서 수많은 소리를 듣습니다.
　하지만, 정작 우리의 삶을 세우는 소리는 무엇일까요?
　『추임새로 세워지는 삶』은 이 질문에 대한 깊은 통찰을 담고 있습니다.
　이 책은 추임새라는 독특한 개념을 통해 신앙의 본질을 새롭게 조명합니다. 판소리에서 흥을 돋우고 박자를 맞추는 추임새 처럼 우리의 신앙에도 추임새가 필요합니다. 믿음의 공동체에서 서로를 북돋아 주는 말, 기도의 응원 그리고 하나님의 말씀을 따르는 리듬이 바로 그것입니다. 저자는 이 책을 통해 신앙이 단순한 종교적 행위가 아니라 우리의 일상에서 흥겹게 살아 숨 쉬는 리듬이 되어야 함을 강조합니다.
　특히, 이 책이 다루는 "사명을 통한 추임새"와 "언약을 통한 추임새"는 단순한 개념적 설명이 아니라, 신앙의 실제적인 적용점을 깊이 있게 다루고 있습니다. 기도가 우리의 신앙을 어떻게 세우는지, 하나님의 언약이 우리의 삶에서 어떻게 역사하는지를 탐구하면서 독자들에게 신앙적 도전을 던집니다.

『추임새로 세워지는 삶』은 단순히 좋은 이야기나 따뜻한 위로를 주는 책이 아닙니다. 신앙의 리듬을 다시 찾고, 삶 속에서 하나님의 추임새에 맞춰 살아가기를 원하는 분들에게 이 책은 강력한 메시지를 전하고 있습니다. 읽고 나면 마음속 깊은 곳에서 "얼쑤!" 하고 외치고 싶어질지도 모릅니다.

이 책을 통해 많은 독자가 신앙의 흥을 회복하고, 복음의 선한 영향력을 세상 속에서 힘 있게 드러내기를 기대합니다.

추천사 6

임우현 목사
번개탄TV선교회

  길다면 길고 짧다면 짧은 50여 년의 삶을 살아오면서 복음을 모르는 저의 인생에 청소년 시절에 누군가가 처음 넣어 준 복음의 추임새로 만난 예수님 때문에 청소년 사역자의 꿈이 생겨 그 꿈의 이끌림대로 들어간 대학 캠퍼스에서 안정현 목사를 친구로 만나 함께 삶을 나누는 소중한 추억이 있었답니다.
  『추임새로 세워지는 삶』이라는 책의 제목을 보는 순간 정말 판소리 공연에서 신명 나게 소리를 하는 이에게 "얼쑤", "잘한다", "이쁘다"를 외쳐 주는 관객의 소리처럼 청소년 사역 동아리인 징검다리 선교회를 시작한 저의 사역 초창기 시절에 늘 '잘한다', '멋지다'로 추임새를 넣어 주던 친구 목사가 생각나서 행복했습니다.
  이 책을 통한 사랑과 약속의 추임새로 누군가의 삶에 위로와 도전이 되어 저자의 기도대로 '복음의 선한 영향력'으로 세상 가운데 살아갈 수 있는 용기와 사명이 회복되는 은혜를 누릴 수 있기를 소망하며 이 책을 통해 청년 시절 저에게 해 주었던 소중한 추임새를 많은 분이 알게 되리라 믿으며 기쁘게 생각합니다.

추천사 7

최 병 락 목사
강남중앙침례교회 담임목사, 월드사역연구소 소장

추임새는 한국인에게는 매우 익숙한 단어이지만, 기독교 안으로 들어올 때는 너무나 생소한 단어입니다.

저는 단 한 번도 신학과 성경 속에서 그리고 읽었던 많은 기독 서적 속에서 추임새라는 단어를 저자와 같이 사용하고 설명하는 것을 본 적이 없습니다. 따라서 이 책은 그 제목만으로도 충분히 공헌도가 있는 책입니다.

새로운 단어를 만나면 새로운 세상이 열립니다. 새로운 단어의 안경으로 우리에게 익숙한 것을 보면 모든 것이 새롭게 열립니다. 추임새라는 안경으로 이 책을 읽어 보니, 우리에게 익숙했던 기도, 예배, 교회, 믿음 등의 단어가 새롭게 다가왔습니다.

그 익숙한 단어들 속에 숨겨진 하나님 응원의 목소리가 들리고, 그 격려에 힘을 얻은 인간이 하나님을 위해 살고자 몸부림치는 모습이 보입니다. 참으로 독특한 접근이지만, 추임새는 하나님과 인간을 연결해 주는 기가 막힌 연결고리가 됩니다.

추임새의 안경을 쓰고 이 책을 끝까지 읽어간다면 그 자체로 읽는 재미, 느끼는 재미 그리고 결국 깨닫는 재미를 느끼게 될 것입니다.

추임새로 세워지는 삶
복음의 선한 영향력으로 세상 가운데 살아가다

Choo-Im-Sae: The Redemptive Power of the Gospel
Written by Jeremy Ahn
All rights reserved.
　　　Korean Edition Copyright ⓒ 2025 by Christian Literature Center, Seoul, Korea

추임새로 세워지는 삶
복음의 선한 영향력으로 세상 가운데 살아가다

2025년 5월 10일 초판 발행

지 은 이	안정현

편　　집	추미현
디 자 인	소신애
펴 낸 곳	(사)기독교문서선교회
등　　록	제16-25호(1980. 1. 18.)
주　　소	서울특별시 동대문구 천호대로71길 39
전　　화	02-586-8761~3(본사) 031-942-8761(영업부)
팩　　스	02-523-0131(본사) 031-942-8763(영업부)
이 메 일	clckor@gmail.com
홈페이지	www.clcbook.com
송금계좌	기업은행 073-000308-04-020 (사)기독교문서선교회
일련번호	2025-42

ISBN 978-89-341-2815-1 (03230)

이 책의 출판권은 (사)기독교문서선교회가 소유합니다.
신저작권법에 의하여 한국 내에서 보호받는 저작물이므로 무단 전재와 무단 복제를 금합니다.

복음의 선한 영향력으로 세상 가운데 살아가다

Choo-Im-Sae:
The Redemptive Power of the Gospel

추임새로 세워지는 삶

안정현 지음

CLC

목차

추천사1	강준민 목사 | LA 새생명비전교회 담임목사	1
추천사2	정성욱 박사 | 덴버신학교 조직신학 교수, 한국어부 학장	3
추천사3	김한요 목사 | 베델교회 담임목사	5
추천사4	피영민 박사 | 한국침례신학대학교 총장	6
추천사5	김관성 목사 | 낮은담교회 담임목사	7
추천사6	임우현 목사 | 번개탄TV선교회	9
추천사7	최병락 목사 | 강남중앙침례교회 담임목사, 월드사역연구소 소장	10
저자 서문		18
서론 "추임새로 세워지는 삶"		21

제1부 사명을 통한 추임새: 놓칠 수 없는 사명   27

제1장 기도를 통한 추임새   28

제2장 예배를 통한 추임새   37

제3장 믿음을 통한 추임새   47

제4장 감사를 통한 추임새   55

제5장 교회 사랑을 통한 추임새   68

제6장 공동체(성)를 통한 추임새   77

제7장 시간을 통한 추임새   85

제2부 / 언약을 통한 추임새: 빼앗길 수 없는 언약 ... 93

제1장 아담의 하나님 나라 언약 ... 94

제2장 노아의 보존 언약 ... 103

제3장 아브라함의 횃불 언약 ... 110

제4장 아브라함의 할례 언약 ... 120

제5장 모세의 시내산 언약 ... 130

제6장 다윗의 왕권 언약 ... 140

제7장 예레미야의 새 언약 ... 151

저자 서문

안 정 현 목사

추임새에 대한 남다른 관심을 가져온 지 제법 시간이 흘렀습니다. 어느 때는 추임새의 두 가지 기능으로 말씀이 줄곧 묵상되어지는 때도 있었습니다. 그러면서 다시 한번 강하게 드는 생각과 확신이 '추임새가 화두여야 한다'라는 것이었습니다.

'추임새에 대한 담론을 어떻게 이어갈 것인가?'에 관해 시간을 두고 이렇게 저렇게 생각하고 묵상하며 씨름하는 가운데 제1부에서 '사명' 그리고 제2부에서 '언약'이라는 설교적이며 신학적 주제로 펼쳐 보이게 되었습니다. 어느 누구보다 필자인 저에게 무척이나 소중하고 의미 있는 시간이었으며 이러한 나눔을 가지게 된 것에 대해 깊은 감사의 마음이 있습니다.

'추임새'라는 콘셉 혹은 메타포를 가지고 풀어가기 위해서는 적절한 부제가 필요하다고 생각하던 중에 저에게 하나님의 인도하심이 있었던 것입니다. 하나님께서 하나님의 때에 저에게 선물로 주신 것은 다름 아닌 덴버신학교(Denver Seminary) 박사 과정이었습니다.

유학 후에 이민 목회로 섬기면서 10년이라는 시간이 어느새 훌쩍 지나갔습니다. 자기 계발을 비롯한 심화 과정(advanced course)을 계속

해겠다는 마음이 떠나지 않았던 저에게 감사하게도 풀어 보고 싶은 학위 논제가 생겼습니다. 하나님의 은혜로 덴버신학교에 입학하면서 오래간만에 받은 영어로 된 강의 계획서(Syllabus)가 저에게 부담 아닌 부담으로 다가왔습니다.

 목회 현장에서 학업을 동시에 진행해야 하는 부담 등으로 처음부터 잔뜩 긴장하며 과정을 밟아 가는데, 저에게 문득 눈길이 끌려지는 것이 바로 덴버신학교의 사명 선언문(Mission Statement)이었습니다. 그 중 'the redemptive power of the gospel'이라는 글귀가 제 눈에 또렷이 보였습니다. 저는 이것을 '복음의 선한 영향력'이라고 번역했습니다. 가슴이 뛰었습니다. 하나님의 추임새를 목도하게 되었습니다. 그 이후로 그 표현은 제가 사랑하는 문구가 되었습니다.

 〈추임새로 세워지는 삶〉의 담론에 꼭 필요하고, 꼭 붙이고 싶은 제목으로 적합하겠다고 여겼습니다. 그래서 조금도 주저하지 않고 본서의 부제로 붙이게 되었습니다. 그러면서 늘 애정을 가지고 주창하고 있습니다.

 "복음의 선한 영향력으로 세상 가운데 살아가자!"

 더불어 저에게 '복음의 선한 영향력'을 남겨 주신 분들께 지면을 통해 감사를 드리고 싶습니다. 우선, 저의 선친이신 고(故) 안성윤 목사님이십니다. 그야말로 삶으로 목양하고 복되고 아름다운 신앙의 유산을 저희 1남 5녀에게 남겨 주신 분입니다. 그리고 저희 아버지께서 저를 목양적으로 양육해 주셨다면, 저를 목양적으로 뿐만 아니라 신학적이고 학문적이며 학자적인 멘토링으로 아끼지 않고 지도해 주신 저의 영적 아버지 되시는 정성욱 교수님께 또한 감사를 드립니다. 이 외에도 추천의 말씀을 기꺼이 할애해 주시며 추임새로 이끌어 주시는 사랑하고 존경하는 강준민 목사님, 김한요 목사님, 피영민 총장님 그리고 늘 친밀한 멘토링으로 도움을 주시는 최병훈 형님 목사님과 멋지게 사역하는 친구 김관성 목사님, 임우현 목사님, 최병락 목사님에게 깊은 감사를 드립니다.

무엇보다 동시대에 오로지 하나님 나라의 확장을 위해 이름도 없이, 빛도 없이 섬기며 헌신하시는 사랑하는 동역자들과 이민 목회를 통해 함께 만났던, 삶의 현장에서 추임새의 삶을 살아가면서 부단히 복음의 선한 영향력을 증거하셨던 잊혀지지 않는 여러 교우님 그리고 특별히 제가 목양으로 섬기며 사랑하는 샌디에고베델교회 모든 교우님께 역시 감사의 마음을 전하고 싶습니다.

끝으로 본서의 출간에 맞춰 한국에 방문하여 구순을 앞두고 계신 어머니와 가족이 함께 감사와 기쁨의 시간을 보내게 되어 더 없는 감사가 있습니다. 늘 추임새로 격려와 응원을 아끼지 않는 한국의 가족들께 한 번 더 감사를 드립니다. 더불어 저희 가정의 영육을 위해 한결같이 섬겨 주시는 장모님 장영희 권사님과 늘 최선의 삶을 살아가며 전천후로 감당해 주고 있는 아내 그리고 토끼 같은 두 딸, 채은(Joanna)과 채린(Elissa)에게 감사와 사랑을 전합니다.

Soli Deo Gloria!

주후 2025년 3월 봄날

서론
'추임새로 세워지는 삶'
복음의 선한 영향력으로 세상 가운데 살아가다

어느 여름 시즌에 말씀을 준비하면서 주부들이 부엌에서 '오늘은 무엇을 먹을까?' 하고 고민하듯이 저 또한 '주일 설교 시간에 무슨 말씀을 함께 나눌까?' 하고 진지하게 기도하는 시간을 갖게 되었습니다. 그런데 문득 이런 생각이 들었습니다.

'이 여름철에 오늘처럼 팔팔하게 살아가면 좋으련만 … .'

그러던 중에 중앙대학교 총장이었던 박범훈 총장님이 쓰신 〈추임새로 살아가는 세상〉이란 칼럼을 접하게 되었습니다.

그 글을 읽으면서 조금 전 문득 떠오른 생각과 함께 믿음으로 살아가는 사람들이야말로 '추임새로 세워지는 삶, 추임새로 세워지는 공동체와 교회를 이루며 살아가면 정말 좋겠다'라는 기도 제목을 갖게 되었습니다.

추임새라는 말이 보편화되어 있지만, 추임새라는 단어가 익숙하지 않은 분들을 위해 잠시 설명을 해드리자면, 많은 사람이 우리나라의 대표적인 전통공연예술인 판소리를 알고 있으실 겁니다. 특히, 우리에게 〈마당놀이〉로 유명한 판소리를 직간접적으로 많이 접하셨으리라고 생각합니다.

그렇다면, '판소리' 하면 무엇이 떠오르시나요?

소리꾼, 고수(북 치는 사람), 북, 얼쑤 등 예, 맞습니다. '얼쑤', 바로 이 '얼쑤'라는 것을 일컬어 추임새라고 합니다. 추임새란 소리꾼이 소리를 하는 도중에 말하는 "얼씨구", "좋다", "으이", "그렇지", "아먼(암)" 등의 감탄사를 말하는데, 판소리뿐만 아니라 민요나 잡가, 무가 등 다른 분야의 성악곡에서도 볼 수 있습니다.

추임새라는 말의 또 다른 의미는 '추어주다'에서 나온 것으로 '정도 이상으로 칭찬해 주다'라는 뜻을 지니고 있다고 합니다. 이처럼 추임새의 의미를 좀 더 살펴보면, 추임새는 기능적으로 '이중적인 의미'를 가지고 있습니다. 즉, 우리가 짐작하고 있는 흥을 돋우고 북돋아 주는 기능과 역할을 합니다. 또한, 그와 동시에 박자를 맞춰 주는 기능과 리듬의 역할을 합니다.

가령, 음악에 3치가 있다고 합니다. '음치'와 '가치' 그리고 '박치'가 있다고 합니다. '음치'와 '가치'는 어느 정도 지도를 받게 되면 개발이나 개선의 여지가 있겠는데, 이 중에 세 번째인 '박치' 그것도 '선천적인 박치'는 어떻게 수습해 볼 길이 없다고 합니다. 음악적으로 제대로 고쳐지기가 상당히 어렵다고 합니다. 이러한 분들을 일컬어 일명 "주책이 없다"라고 하는데, 이는 '주님도 대책이 없으시다 ^^'라는 것입니다.

이처럼 음악의 3치 중에 '박치'만큼 '악치'는 없다는 것입니다. 예, 그렇습니다. 리듬과 박자를 잘 맞추는 것만큼 중요한 것은 없다고 봅니다. 음악에서의 리듬과 박자처럼 교회생활과 신앙생활에도 이러한 추임새가 있고 추임새가 발생이 된다는 것입니다.

예를 들어, 간단하게 '기도'에 대해서 앞서 설명한 '추임새의 이중적 의미'의 관점으로 묵상해 볼 수가 있다는 것입니다. 즉, '기도라는 추임새가 있다'라는 것이죠. 즉, 기도를 추임새의 의미로 살펴볼 때, 우리가 신앙생활을 하면서 맞추어가야 할 박자나 리듬이 있는데 그중의 하나인 기도가 바로 그 역할을 한다는 것입니다. 다시 말해, 기도라는 추임새를 따라가며 그것을 리듬 삼아, 그것을 박자로 삼듯이 신앙생활을 해야 한다는 것입니다.

또한, 추임새의 기능으로 다른 면을 비춰 볼 때, 하나님께서는 우리에게 기도라는 추임새를 통해 신앙의 삶이 흥겹게 되도록 하신다는 겁니다. 그야말로 '기도의 추임새'를 통해 위로와 응원과 역사와 축복해 주시는 것입니다.

기도로 살아 역사하시는 우리 주 하나님 앞에 나갈 때, 그 기도를 통해 주님께서는 우리를 만나 주실 뿐만 아니라 우리에게 복된 응답을 주시고 열매를 맺도록 이루어 주시며 함께하시며 놀라운 역사를 베푸신다는 것입니다. 이처럼 기도는 우리에게 추임새로서의 의미가 있습니다.

본서를 크게 두 부분으로 나누어 보았습니다.

제1부는 '사명을 통한 추임새'로서 우리가 신앙생활 가운데 사명으로 혹은 사명과 같이 감당해야 하는 실천 목록들을 묵상해 보았습니다. 그 실천 목록들을 중심으로 추임새라는 렌즈를 통해 추임새로

세워지는 삶과 가정 그리고 교회와 세상이 되기를 우리 모두 함께 꿈꾸며 기대해 보도록 하겠습니다.

제1부에서 언급되는 사명으로서 신앙의 실천 목록의 추임새는 마치 서양 영성 신학(Spiritual Formation)에서 거론되는 "Rule of Life"와도 그 의미와 맥락에서 상통하는 부분이 있습니다. "Rule of Life" 역시 추임새와 비근한 컨셉으로 추임새가 이중적인 기능을 가지고 있듯이 "Rule of Life" 역시 이중적인 기능을 내포하고 있습니다.

이와 같이 추임새의 의미를 발견하며 접목해 냄으로써 하나님께서 동서양에 비근한 아이콘을 우리의 삶 가운데 적용할 수 있도록 담아 놓으셨다는 인상을 갖게 됩니다.

더욱이 요즘 K-pop, K-drama, K-food 등이 세계적인 주목을 받으며 사랑을 받는 가운데 K-영성, K-묵상, K-신학에 대한 조망을 가지고 복음과 진리를 담아내는 담론과 통찰의 일조가 되었으면 하는 바람 또한 가져봅니다.

아무쪼록 '사명을 통한 추임새'를 거듭 확인하고 더 깊이 묵상하면서 우리 모두가 감사와 기쁨으로 각자의 삶을 추임새로 세워가는 사명과 헌신의 복되고 아름다운 여정과 여생이 되기를 간절히 소망해 봅니다.

제2부에서는 소위 '언약을 통한 추임새'로 추임새의 렌즈로 언약을 묵상하고 접목하여 적용해 보고자 하는 것입니다. 역시 언약 안에 추임새와 같은 이중적인 의미가 담겨 있다는 묵상을 하게 됩니다.

여기서 언약에 대한 이해를 돕기위해 언약에 대한 풀이를 잠시 간추려 본다면, '언약'을 뜻하는 히브리어로 '베리트'에 해당하며, '바라'(먹는다. 삼하 13:6) 혹은 '카라트'(자른다)라는 어근을 가집니다. 이는 고대 사회에서 계약을 맺을 때 계약 체결자 쌍방이 함께 식사를 하는 것, 계약을 위해 짐승을 잡은 것 등에서 유래한 것으로 보입니다. 계약자들은 이렇게 함으로써 계약의 확실성을 나타냈으며 계약을 어길 경우 짐승의 배를 갈라 그 사이를 지나가듯이 그 어긴 계약자의 배를 갈라 그 사이를 지나겠다는 단호한 의지를 보였습니다.

구약에는 하나님과 인간 간의 많은 언약이 있습니다. 아담, 노아, 아브라함, 모세, 다윗, 예레미야의 언약 등 그 중 대표적인 것은 모세와 맺은 시내산 언약입니다. 모세는 시내산에서 하나님의 명령을 따라 여호와의 모든 말씀과 모든 율례를 백성에게 고했습니다.

이에 백성들은 그 모든 말씀을 준행할 것을 서약했으며, 이에 모세는 화목제물의 피를 백성에게 뿌리고 "여호와께서 이 모든 말씀에 대하여 너희와 세우신 언약의 피라"라고 말했습니다. 이 언약은 '옛 언약', 곧 구약이라 불립니다.

이 옛 언약(구약)은 이스라엘의 불이행으로 인해 실패로 돌아갔습니다. 이스라엘이 하나님을 떠나 우상을 섬김으로 일방적으로 언약을 파기했던 것입니다. 그리하여 이스라엘은 그들의 죄로 인해서 멸망을 받을 수밖에 없었습니다.

그러나 긍휼에 풍성하신 하나님께서 언약에 신실하시어 이스라엘을 버리지 않으시고 인류 구원의 새판을 짜시기 위해 예레미야를 통해 이스라엘과 새 언약을 체결하실 것을 약속하십니다(렘 31:31-34).

저는 우리 모두의 살아가는 현장이 추임새로 회복되며 은혜와 축복 가운데 세워져 가기를 소망합니다. 단지 소망할 뿐 아니라 주님께서 실제로 우리 각자에게 허락하신 사명을 통해, 말씀 가운데 이루신 언약을 통해 이미 실행하고 있으심을 믿으며 각각의 말씀을 통해 추임새적 역사와 기적을 이루며 주님을 만나시기를 간절히 바랍니다. 그리하여 더욱 기대하기에는 추임새로 세워지는 삶, 가정, 섬기시는 사역과 일터, 학업과 자녀 손들에 이르기까지 풍성과 충만으로 함께 하는 나눔과 간증이 있으시길 바랍니다.

또한, 신앙의 아이콘인 추임새를 통해 이루 말할 수 없는 감사와 기쁨으로 복음의 선한 영향력을 세상 가운데 증거하고 선포하는 복되고 아름다운 삶의 여정과 여생이 되시기를 소망합니다.

제 **1** 부

사명을 통한 추임새
놓칠 · 수 · 없는 · 사명

제1장 기도를 통한 추임새

제2장 예배를 통한 추임새

제3장 믿음을 통한 추임새

제4장 감사를 통한 추임새

제5장 교회 사랑을 통한 추임새

제6장 공동체(성)를 통한 추임새

제7장 시간을 통한 추임새

제1장

기도를 통한 추임새
(누가복음 22:39-46)

사명의 추임새, 그 첫 번째 사명으로 기도라는 추임새에 대해서 함께 살펴보겠습니다. 즉, 우리가 신앙생활하면서 맞추어가야 할 박자나 리듬이 있는데 기도가 바로 그 역할을 한다는 것입니다. 다시 말해, 기도라는 추임새를 따라가며 지켜나가야 한다는 것입니다.

또한, 기도라는 추임새를 통해 하나님께서는 우리에게 흥이 나도록 하신다는 것이지요. 그야말로 응원해 주시는 것입니다. 기도를 해 나갈 때 그 기도를 통해 우리에게 응답을 주시고 열매를 맺도록 해 주신다는 것입니다. 그러기에 기도는 우리에게 추임새로서의 의미가 있는 것입니다.

그리스도인으로서 우리는 기도라는 사명의 추임새를 통해 어떠한 태도를 가져야 할까요?

첫째, 기도는 일상의 습관이어야 합니다.

우리는 때로는 습관이라는 말을 부정적인 뉘앙스로 사용할 때가 있습니다. 그러나 습관은 매우 중요한 것입니다. 습관이 운명을 만든다고 말해도 지나친 말이 아닙니다.

예수님에게 습관이 있으셨는데, 예수님에게 몸에 밴 추임새가 있으셨다는 것입니다. 바로 기도라는 추임새입니다.

오늘 우리가 함께 읽은 본문 누가복음 22장은 예수님이 십자가를 지시기 전날 밤 감람산 겟세마네 동산에 기도하러 가시는 모습을 보여 주는 장면입니다. 그런데 주목 할 것은 예수님께서 내일 십자가를 지게 되는데, 그것 때문에 그곳에 가신 것이라고 기록하고 있지 않습니다.

> [눅 22:39] 예수께서 나가사 습관을 따라 감람산에 가시매 제자들도 따라갔더니.

바로 '습관을 따라' 가셨다고 말씀합니다. 예수님께서 감람산을 찾아 기도하신 것은 그분 일상의 습관이었습니다. 바로 기도라는 추임새가 몸에 배어 있으셨던 것입니다. 이 기도라는 추임새가 예수님에게는 그저 일상적인, 형식적인 습관이 아닌 그야말로 거룩한 습관이었습니다. 즉, 기도는 예수님 삶의 거룩한 리듬이었습니다. 없어서는 안 될 실존의 방식이었습니다.

그래서 예로부터 기도를 호흡이라고 하지 않습니까? 어느 날 기도하는데 하나님께서 기도는 '기도'(氣道)라고 하시는 마음을 갖게 되었습니다. 그렇습니다. 기도가 막히면 죽습니다. 호흡을 멈추면 우리는 죽게 됩니다. 그래서 호흡은 생명인 것입니다. 성경은 기도가 바로 그런 생명의 호흡임을 우리에게 가르쳐 주고 있습니다. 그래서 "쉬지말고 기도하라"(살전 5:17)고 증거합니다.

그렇다면 이제부터라도 기도라는 추임새가 몸에 배도록 해야 합니다. 그것은 선택의 문제가 아닙니다. '사느냐, 죽느냐'의 문제입니다. 살고 싶으면 기도해야 합니다. 아무쪼록 기도라는 이 거룩한 추임새로 살아가는 주의 종이 되시기를 축복합니다.

둘째, 기도는 위기 극복으로 삼아야 합니다.

기도는 호흡과 같은 것이어서 그 박자대로, 그 리듬대로 추임새를 따라가듯 우리는 언제나 기도하며 살아가야 한다는 것을 말씀드렸습니다.

그러나 우리가 인생을 살면서 특별한 위기를 만나면 더욱더 특별하게 기도를 드릴 필요가 있습니다. 예수님의 생애를 통해 살펴보면, 예수님에게 십자가 죽음의 사건은 그분의 생애에서 위기 중의 위기였습니다.

그래서 이 위기를 어떻게 직면하셨습니까?

물론, 기도로 직면하셨습니다. 먼저 분명한 것은 그분에게 감람산 겟세마네 동산은 예수님이 언제나 습관적으로 찾던 기도의 장소였습니다. 그래서 그 밤에도 예수님은 당신이 익숙했던 그 장소에 기도하기 위해서 가셨습니다.

그러나 그날 밤의 기도는 그분의 일상의 기도와 달랐습니다.

오늘 본문 누가복음 22장 44절을 보십시오.

[눅 22:44] 예수께서 힘쓰고 애써 더욱 간절히 기도하시니 땀이 땅에 떨어지는 핏방울같이 되더라.

여기 예수님의 기도하시는 모습을 묘사하기 위해 의사인 누가가 동원한 수식어들을 주목해 보아야 합니다.

"힘쓰고 애써 더욱 간절히 … 땀이 핏방울 같이."

비상한 상황은 비상한 기도를 필요로 한다는 표현이 아닙니까?

그렇습니다. 어떠한 상황에서는 조용한 침묵의 기도가 필요합니다. 잠잠히 기도할 때가 있습니다. 하지만, 어떤 때는 부르짖어 기도할 때가 있어야 합니다. 강청의 기도가 필요합니다. 침묵이 필요할 때는 침묵으로 기도하지만, 통곡이 필요할 때는 통곡하며 기도할 줄 아는 성도들이 되어야 합니다.

구약의 히스기야왕이 병들어 죽게 되었을 때 통곡으로 기도한 것을 기억하십니까?

[왕하 20:3] 여호와여 구하오니 내가 진실과 전심으로 주 앞에 행하며 주께서 보시기에 선하게 행한 것을 기억하옵소서 하고 히스기야가 심히 통곡하더라.

[왕하 20:5] 너는 돌아가서 내 백성의 주권자 히스기야에게 이르기를 왕의 조상 다윗의 하나님 여호와의 말씀이 내가 네 기도를 들었고 네 눈물을 보았노라 내가 너를 낫게하리니 네가 삼일만에 여호와의 성전에 올라가겠고.

여기에서 우리는 주님의 응답을 발견합니다 하나님은 우리의 통곡을 들으시고 우리의 눈물을 보시는 분입니다.

우리의 기도를 통해 응답을 주시는, 열매를 맺게 하시는, 즉 추임새로 다가오시는 분이라는 것입니다. 기도함 그 자체가 위기의 극복임을 믿으시는 신실한 주의 종들이 되시기를 축복합니다.

셋째, 기도는 사역의 방법입니다.

예수님의 일생은 사역의 일생이었습니다. 그런데 그분의 일생을, 복음서를 통해 연구해 보면 그분은 일생의 사역을 오직 기도를 통해 이루셨음을 보게 됩니다.

그는 그의 공생애를 광야의 기도로 시작하십니다. 제자들을 강하게 훈련하시고자 그들을 밤바다에 보내 놓고 산에서 기도를 하십니다. 하루 종일 가버나움 동네에서 가르치고 병을 고치고 지친 다음 날 새벽 한적한 곳에 나아가 기도하십니다. 기도로 그날 어느 동네에 가서 복음을 전할 것인가를 계획하고 결정하십니다. 죽은 나사로를 통해 부활의 레슨을 가르치고자 그의 무덤 앞에서 기도하십니다.

그리고 오늘 본문이 보여 주는 것처럼 예수님은 십자가를 지시기 전날 밤 땀방울이 핏방울이 되도록 기도하십니다. 진실로 그분의 일생은 기도의 일생이었습니다.

그런데 여기서 한 걸음 더 나아가 예수님의 기도는 철저하게 하나님의 뜻에 초점을 맞추고 있었음을 주목할 필요가 있습니다. 예수님께서 십자가를 지심은 그분이 죽음을 두려워하지 않음을 보이고자 하는 영웅심리 때문이 결코 아니었습니다. 그것은 바로 아버지의 원하심, 아버지의 뜻이었기 때문이었습니다. 즉, 바로 하나님의 추임새에 맞추어 가셨던 것입니다.

[눅 22:42] 아버지여 이 잔을 내게서 옮기시옵소서 그러나 나의 원대로 마옵시고 아버지의 원대로 되기를 원하나이다.

기도는 바로 이런 아버지의 뜻을 이루는, 아버지의 사역을 이루는 방편이었습니다. 이런 의미에서 예수님에게 기도는 사역의 방법이었 습니다. 바로 기도라는 추임새, 하나님의 뜻이라는 추임새를 따라 사신 분입니다.

미국의 댈러스신학교(Dallas Theological Seminary)는 훌륭한 설교가들을 배출한 학교로 유명합니다. 저는 바로 그 옆에 있는 포트워스(Fort Worth)라는 도시에 있는 남침례교 신학교인 사우스웨스턴침례신학교(Southwestern Baptist Theological Seminary)에서 공부했습니다. 두 학교가 가을마다 정기적으로 친선 체육대회를 갖는 등 교류가 있었습니다.

텍사스는 아시는 대로, 짐작하시는 대로 평지가 광활하게 이어진 곳입니다. 그래서 댈러스 하면 카우보이가 유명합니다. 소가 많은 곳, 텍사스 남쪽에서부터 키워지는 소는 그 위로 올라와 애머릴로(Amarillo, TX)라는 미국 최대의 살육장이 있는 곳으로 널리 알려져 있습니다.

제가 아는 어느 형제가 텍사스 남부에서 그레이하운드(Greyhound, 고속버스)를 타고 댈러스까지 오는 데 6시간 이상이 걸리는 데 졸다가 졸다가 눈을 떠봐도 몇 시간 전에 보았던 풀을 뜯고 있는 소의 풍경이 여전히 펼쳐지고 있더라는 것입니다. 이렇게 사람보다 소가 많은 곳이 텍사스라고 합니다.

그런데 그곳에 있는 댈러스신학교가 1924년 빚 때문에 폐교 위기에 처했습니다. 학교를 설립한 루이스 스페리 쉐퍼(Lewis Sperry Chafer) 박사를 비롯한 교수들이 학장실에 모여서 학교를 위해 기도하기 시작했습니다.

그때 쉐퍼 박사 옆자리에 앉아 있던 해리 아이런사이드(Harry A. Ironside) 목사는 이런 기도를 했습니다.

"주님, 주님은 모든 산과 모든 언덕과 모든 가축을 소유하고 계신 분입니다. 그 가축 중 얼마를 팔아서 돈을 보내 주셔서 이 학교가 빚을 갚고 학생들을 계속 양육할 수 있도록 도와주십시오."

그런데 그가 계속해서 기도하는 동안 문밖에서는 이상한 일이 벌어졌습니다. 어느 낯선 카우보이모자와 구두를 신은 어떤 사람이 학교 사무실에 들어온 것입니다.

"저는 댈러스 카우보이입니다. 오늘 마차 두 대에 가축을 가득 싣고 시장에 가서 팔았습니다. 그리고 소를 팔고 받은 돈을 다른 데 투자할 생각이 있었습니다. 그런데 갑자기 이 돈을 보람 있는 일에 써야 한다는 생각이 들었습니다. 그래서 이 돈을 이 학교에 기부하기로 결심했습니다. 자, 이 돈을 받아 주십시오."

사무실 직원은 그가 가지고 온 수표를 가지고 학장실로 뛰어갔습니다. 학장실에 들어갔을 때 해리 아이런사이드 목사는 "예수님 이름으로 기도합니다"라고 막 기도를 마치고 있었습니다.

수표를 받아 든 쉐퍼 박사는 아이런사이드 목사는 어깨를 치며 말했습니다.

"주님이 목사님의 기도에 응답하셔서 방금 가축을 팔아서 이 수표를 보내 주셨습니다."

이것이 과연 우연일까요?

아니요. 분명 기도가 사역의 방법임을 아는 사람이라면 이것을 우연으로 넘길 수가 없을 것입니다. 바로 기도가 이루어낸 것입니다.

우리의 역사는 지금도 그렇게 기도를 믿고 기도로 현장을 바꿀 사람들을 기다리고 있습니다.

하나님의 일은 사람의 꾀나 재주 그리고 열정만으로 하는 것이 아닙니다. 바로 기도가 사역의 방법임을 믿는 사람들, 그들을 하나님께서 기다리십니다. 기도라는 추임새로 그 박자를 따라, 그 리듬을 따라 맞추어 나가야 합니다.

이렇게 기도 할 때, 그 기도를 통해 응답과 기적과 열매를 이루어 가시는 우리 하나님께서 기도라는 추임새로 또한 우리를 분명하게 응원해 주십니다. 우리의 삶에 본격적인 흥을 더해 주십니다. 이 기도의 추임새로 우리의 삶을, 가정을, 교회를, 삶의 그 현장을 세워가는 신실한 주의 종이 되시기를 축복합니다!

기도

하나님, 우리의 사는 날 가운데 숨 쉬며 호흡하며 살아가듯이 기도를 멈추지 않는 주의 종들이 되게 하여 주옵소서. 특별히 각 교회의 제단을 기억하여 주시어서 끊임없는 기도로 세워져 가는 교회가 되기를 소원합니다. 기도의 추임새로 세워져 가는 기도의 공동체가 되어 기도를 통하여 주님과 더욱 깊은 교제와 만남 그리고 소통이 있게 하여 주시옵소서. 예수님 가장 귀하신 이름으로 축복하며 간절히 기도드립니다! 아멘!

소그룹 나눔 및 개인 묵상을 위한 질문

1. 기도가 일상의 습관이 되고 있는지 기도를 일상의 습관이 되도록 하려면 구체적으로 어떻게 해야 하겠는지 기도가 습관이 되지 못하는 장애들은 무엇이 있는지 그리고 어떻게 극복할 수 있겠는지 나누어 봅시다.

2. 기도를 통해 특별한 역사를 경험한 기억이 있는지 기도의 시간 가운데 위기를 모면한 응답을 받은 기억이 있는지 나누어 봅시다.

3. 기도가 삶 혹은 사역의 방법이 되기 위하여 구체적으로 어떻게 해야 하는지 기도의 응답을 믿고 기도로 삶의 현장을 바꾸기를 소망하는 헌신의 기도를 간절히 드립시다.

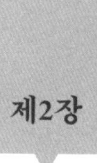

제2장

예배를 통한 추임새

(창세기 4:3-5)

앞에서 추임새에 이중적인 의미, 즉 우리가 짐작하고 알고 있는 흥을 돋우고 북돋아 주는 역할과 함께 박자의 역할, 리듬의 역할을 한다는 것을 말씀드렸습니다. 교회생활에도, 신앙생활에도 이러한 이중적인 의미에서 추임새가 있습니다.

한번은 교회 성가대 모임에서 질문을 드렸습니다.

음악의 3요소는 무엇입니까?

그때 음악에 조예가 있는 분들답게 수준 있게 답을 말씀해 주셨습니다. 음악의 3요소는 멜로디(가락), 하모니(화음), 리듬(박자)입니다. 이 중에 박자가 없으면 안 되는 것이죠. 박자는 반드시 있어야 하는 것입니다.

기도는 우리의 신앙생활에 꼭 필요한 박자와 같은 역할을 합니다. 또한, 그 기도를 통해 하나님께서는 응답을 주시고 기적을 허락하시며 열매가 있게 하시므로 우리에게 힘과 용기를 얻게 하십니다.

오늘 이 시간에는 예배라는 또 다른 신앙생활의 추임새를 살펴보도록 하겠습니다. 결론적으로 말씀을 드리자면 예배는 판소리에 있어서 추임새와 같은 것으로 우리의 신앙생활에 없어서는 안 될 박자와 같은 역할을 한다는 것입니다. 또한 우리가 드리는 예배를 통해 하나님은 우리를 응원하시고 우리의 삶에 흥을 더해 주는 분이시라는 것입니다.

그렇다면 추임새로 세워져 가는 삶 또는 교회가 되기 위하여 우리가 또 하나의 추임새로 여겨야 할 예배에 대해서 함께 말씀의 은혜를 나누기 원합니다.

먼저, 삶의 우선순위는 예배가 되어야 합니다. 오늘 본문은 인류 최초의 예배를 말씀하고 있습니다. 본문 말씀 창세기 4장 3-5절을 보세요.

> [창 4:3-5] 세월이 지난 후에 가인은 땅의 소산으로 제물을 삼아 여호와께 드렸고 아벨은 자기도 양의 첫 새끼와 그 기름으로 드렸더니 여호와께서 아벨과 그의 제물은 받으셨으나 가인과 그의 제물은 받지 아니하신지라 가인이 몹시 분하여 안색이 변하니.

오늘 말씀을 보면, 예배가 "제물"과 아주 밀접한 연관이 되어 있다는 사실을 발견하게 됩니다. 가인은 "땅의 소산으로" 제물을 삼아 드렸고, 아벨은 "양의 첫 새끼와 그 기름으로" 드렸습니다. 그리고 어떤 설명도 없습니다. 단지 가인의 제물을 받지 않으시고 아벨의 제물만을 받으셨다는 것입니다.

그래서 성경학자들이 해석하기에는 "양의 첫 새끼"(Key이다)라는 부분에서 이렇게 설명합니다.

아벨의 제물을 받으셨다는 것에 대한 오직 하나의 단서가 있다면 "우선순위"와 "구별"의 차이입니다. 가인은 자기가 가진 것 중에 "one of them"을 드렸지만, 아벨은 "the one"을 드렸습니다. 하나님께서 아벨의 제사를 받으신 이유는 아벨은 그의 삶에서 우선순위를 드렸기 때문입니다.

또한, 신약성경에 보면 예배를 드리는 예루살렘 성전에서 있었던 이야기를 누가복음 2장 하반절에 기록하고 있습니다. 소년 예수님이 유월절이라는 이스라엘 최대의 명절을 맞이하여 그 부모인 요셉과 마리아 함께 예루살렘으로 올라갔을 때의 이야기입니다.

한 주간 명절을 다 마치고 다시 고향 나사렛으로 떠날 무렵 사건이 일어납니다. 소년 예수님이 예루살렘에 남아 있어 함께 길을 나서지 않았는데도 그 부모는 하룻길을 가도록 이를 알지 못했습니다. 왜 그랬는지는 성경에 기록이 없어서 모르겠습니다.

요셉과 마리아에게 건망증이 있었을까요?

여기 건망증과 관련된 어떤 부부의 재미있는 이야기가 있습니다. 건망증이 심한 아내가 먼 길을 떠날 때면 늘 차 안에서 "어머! 전기다리미 코드를 안 뽑고 나온 것 같아요!"라고 말해 여러 번 집으로 돌아가야 했습니다. 그날도 고속도로를 한참 달리고 있는데 아내가 또 소리쳤습니다.

"어머! 여보, 전기다리미 코드를 또 안 뽑고 나온 것 같아요!"

그러자 남편이 차를 도로변에 세우고 갑자기 차 트렁크를 열었습니다. 그리고는 말했습니다.

"여기 있다. 전기다리미!"

이번에는 남편과 아내 모두 건망증이 심한 부부가 있었습니다. 어느 날 부부가 함께 등산을 하게 되었습니다. 그때 갑자기 아내가 깜짝 놀라며 남편에게 말합니다.

"여보, 어떡하죠? 내 정신 좀 봐. 다림질하다가 전기 코드를 그냥 꽂아 두고 왔네. 집에 불이 나면 어떡하지?"

그러자 남편이 씩 웃으며 여유롭게 말합니다.

"걱정하지 마. 나도 세수하고 나서 수도꼭지 안 잠갔어."

분명 요셉과 마리아에게 건망증이 있었던 것은 아닐 겁니다. 처음에 요셉과 마리아는 예수님이 그 친척들과 함께 있으려니 생각했던 것입니다. 그러나 예수님이 없었습니다. 그때 당시 예수님은 열두 살 소년이었습니다.

어떻게 부모 된 입장에서 근심이 안 되겠습니까?

요셉과 마리아는 예루살렘 교외 시골 마을 구석구석을 찾아다녔지만, 그분은 보이지 않습니다. 마침내 요셉과 마리아는 예루살렘 시내로 돌아가기로 작정합니다. 이번에는 시내 골목 골목을 뒤지면서 열두 살 소년이 있음 직한 곳을 찾습니다. 그리고는 마침내 찾았습니다.

어디에서 찾았습니까?

성전에서 찾아낸 것입니다. 그리고 이제 어머니 마리아가 묻습니다. 이 부분을 주목해 주세요. 누가복음 2장 48절입니다.

[눅 2:48] 그의 부모가 보고 놀라며 그의 어머니는 이르되 아이야 어찌하여 우리에게 이렇게 하였느냐 보라 네 아버지와 내가 근심하며 찾았노라.

예수님의 대답이 무엇이었습니까?
잊지 마십시오. 이때 예수님은 불과 열두 살의 소년이었습니다. 49절입니다.

> [눅 2:49] 예수께서 이르시되 어찌하여 나를 찾으셨나이까 내가 내 아버지 집에 있어야 될 줄을 알지 못하셨나이까.

성경을 연구하는 분들은 이 대목에서 두 가지의 놀라움을 지적합니다.

첫째, 예수님이 하나님을 내 아버지라고 부르신 것
둘째, 예루살렘 성전을 내 아버지의 집이라고 부르신 것

이것은 그때까지 유대문화에서 결코 익숙하지 못한 표현이었습니다.
구약 39권 가운데 하나님을 아버지로 표기한 것은 불과 14회 정도이고 이것도 문서상의 표기일 뿐 언어로 하나님을 부르지 않았기 때문입니다. 그런데 지금 불과 열두 살 난 소년이 하나님을 "내 아버지"라고 부르고 있는 것입니다. 그리고 그분을 예배하는 성전을 "내 아버지의 집"이라고 불렀던 것입니다.
성경학자들은 여기 이 구절에서 사용된 헬라어 단어 '*dei*'(It is necessary)를 주목해야 한다고 말합니다. 이 단어의 뉘앙스를 살려서 이 구절을 다시 번역하면 '내가 내 아버지의 집에 있어야 하는 것은 내 인

생에 가장 필요한 우선순위임을 모르셨습니까?'라는 의미입니다.

물론, 하나님은 어디에나 계십니다. 그러나 어디에나 계시는 하나님은 또한 특별하게 어떤 장소를 구별하셔서 그곳에 자신의 거룩한 영광을 집중적으로 계시하고자 하십니다. 이것이 바로 구약에서 성전이 갖는 의미의 중요성이고 신약에서 예배가 중요한 이유인 것입니다.

내 삶의 우선순위는 무엇입니까?

건강한 교회는 예배를 생명같이 여기는 성도님들이 계신 교회가 건강하고 비전이 있는 교회입니다. 왜냐하면, 예배는 우리의 삶의 우선순위이기 때문입니다.

우리는 지금 신앙생활의 추임새로 '예배'에 대해서 생각해 보고 있습니다. 먼저는 '예배'라는 추임새의 박자, 리듬에 대한 부분을 살펴보았습니다. 이번에는 추임새가 갖는 또 다른 의미인 흥을 돋우고 북돋아 주는 역할에 대해서 말씀의 은혜를 나누고자 합니다. 다름 아닌 우리는 '예배'를 통해 주님의 임재를 경험하게 됩니다.

우리가 잘 아는 말씀, 마태복음 18장 20절에서 "두세 사람이 내 이름으로 모인 곳에는 나도 그들 중에 있느니라", 즉 두세 사람의 성도가 모인 곳에 주께서 그들 중에 계실 것을 약속합니다. 여기서 성경을 연구하는 분들은 두세 사람은 신약 교회의 성도의 공예배가 성립하는 최소 단위라고 말합니다.

유대인들의 경우에는 공예배의 최소 단위를 장년 남자 열 명이라고 전통적으로 생각해 왔습니다. 하지만, 예수님은 두세 사람의 거듭난 성도만 있어도 예배는 성립할 수 있다고 보신 것입니다. 그리고 그들이 진정 예수님의 이름을 높이고 찬양할 목적으로 모인다면 주님께서 그들 가운데 당신이 임재할 것임을 선언하신 것입니다.

이 말씀을 좀 더 수의해서 들여다보면 예수님은 당신이 거기에 임재하실 것을 미래형으로 약속하신 것이 아니라 현재형이라는 것입니다. 영어로는 "I am there in their midst"입니다. 그렇습니다. 몇 사람이 모였을지라도 진지한 예배가 진행되는 곳에, 우선순위의 예배, 최선의 예배에 예수님은 이미 'I am'으로 임재하십니다.

이것이야말로 얼마나 고귀한 특권입니까?

우리가 하늘과 땅을 지으시고 우리를 자기 목숨까지 드려 사랑하는 주님을 예배하는 순간 이미 여기에 와 계신 그분을 실제로 만나는 것입니다.

보스턴 지역에서 A. J. 골든 목사라고 하면 유명한 설교가요, 능력 있게 말씀을 증거하는 분으로 모르는 사람이 없을 정도였다고 합니다. 그는 대형 교회에서 사역했기에 설교하는 데에만도 많은 시간을 보내야 했습니다.

그러던 어느 날 그는 힘을 들여 설교를 준비하다가 피곤하여 그만 의자에 앉은 채 책상에 엎드려 깜박 잠이 들어 꿈을 꾸게 되었습니다. 꿈속에서도 주일이 되어 교회는 의자가 모자랄 정도로 많은 사람이 예배드리기 위해서 앉아 있었습니다.

그런데 그 많은 성도 가운데 30세 정도의 낯선 사람에게 왠지 모르게 시선이 자꾸 끌리는 것이었습니다. 그래서 그는 예배가 끝난 다음에 그 낯선 사람을 만나보고 싶었습니다.

그런데 성도들이 골든 목사와 인사를 나누고 다 교회 밖으로 나갔는데도 그 낯선 사람은 보이지 않았습니다. 골든 목사는 안내 위원들에게 그 낯선 사람에 대해 물었습니다. 그러자 그 안내 위원이 대답했습니다.

"아, 그 사람이요. 알고 말고요. 그 사람은 예수라고 하는 사람입니다."

골든 목사는 예수라는 말에 깜짝 놀라 깨어보니 꿈이었습니다. 그 다음부터 골든 목사는 예배드릴 때 회중 가운데 예수님께서 오셔서 앉아계신다고 믿고 설교를 했습니다. 교우들도 예수님과 함께 예배하며 그분을 삶의 중심에 모신 것으로 알고 생활했다고 합니다.

그렇습니다. 우리의 모든 예배는 그분과의 만남에 초점이 있어야 합니다. 오늘 아벨이 드렸던 제사도 마찬가지입니다. 단지 아벨의 제물만을 하나님께서는 받으시는 것이 아닙니다. 4절에 보면 "아벨과 그 제물은 열납하셨다"라고 기록하고 있습니다. 여기서 '열납하다'라는 히브리어 '솨아'는 '응시하다', '주목하다'라는 뜻입니다. 시선을 통해서도 알 수 있는 것입니다. 경험할 수 있는 것입니다.

예배는 우리를 주목하며 응시하시는 하나님을 만나는, 경험하는 자리인 것입니다. 그러기에 예배를 통해 아버지를, 주님의 이름을 부르며 기도 속에 그분을 만나는 것입니다. 그러기에 예배를 통해 찬양 가사의 주제이신 주님을 찬양하며 만나는 것입니다. 그러기에 예배를 통해 사랑과 감사의 마음으로 헌금을 드리며 우리의 예물을 받으시는 그분을 또한 만나는 것입니다.

그러기에 예배를 통해 말씀의 유일한 초점이신 예수님을 말씀의 선포를 통해서 만나는 것입니다.

그러므로 그분의 임재가 느껴지도록 전심으로 찬양하십시오.
그러므로 그분의 임재가 느껴지도록 집중해서 기도하십시오.
그러므로 그분의 임재가 느껴지도록 그분에게 당신의 사랑을 드리십시오.
그러므로 그분의 임재가 느껴지도록 말씀 속에 있는 그분의 음성을 기울여 들으십시오.

잊지 마십시오. 예배의 목표는 주님의 임재를 경험하는 것입니다. 예배를 통해 우리는 주님의 임재를 경험할 수 있습니다. 그분을 만날 수가 있는 것입니다.

여기까지 신앙생활의 또 하나의 추임새인 예배를 살펴보았습니다. 예배는 삶의 우선순위여야 합니다. 예배를 통해 우리는 주님의 임재를 경험하는 것입니다.

신앙생활의 가장 큰 축복이 무엇입니까?

주님과 동행하는 것입니다. 주님과 동행하는 것을 경험하는 것, 이것이 가장 큰 축복인 것입니다.

아무쪼록 예배를 삶의 우선으로 여기며 예배를 통해 주님의 임재를 경험하며 그 주님과 동행하는 신실한 주의 종이 되시기를 축복합니다.

기도

하나님, 예배자로 우리를 부르셨습니다. 다른 어떤 것도 그 무엇과도 바꿀 수 없는 이 예배의 자리를 우리의 삶 평생에 지켜나가는 것, 바로 이것이 복임을 잊지 않게 하여 주시옵소서. 이 예배에 집중하게 하시어 예배를 통해 주님을 만나고, 주님의 임재를 경험하는 신실한 믿음의 종들이 되게 하여 주시옵소서. 또한, 이후에 주님과의 개인적인 예배에서도 사명의 추임새를 누리며 살아가게 하여 주시옵소서. 예수님 가장 귀하신 이름으로 간절히 기도드립니다! 아멘!

소그룹 나눔 및 개인 묵상을 위한 질문

1. 나의 삶에 예배가 얼마나 소중한지 예배가 삶의 우선순위가 되기 위해서 어떻게 실천할 수 있는지 예배의 우선순위를 어렵게 하는 요인들이 무엇이며 어떻게 극복할 수 있는지 나누어 봅시다.

2. '예배를 통한 주님의 임재'란 어떤 의미인지 예배를 드리는 가운데 주님의 임재에 대해 어떠한 경험이 있는지 주님의 임재 가운데 예배를 드리기 위해 좀 더 구체적으로 어떻게 해야 하는지 나누어 봅시다.

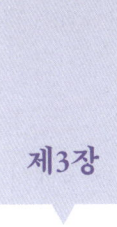

제3장

믿음을 통한 추임새
(히브리서 11:1-3)

추임새로 세워지는 삶의 또 다른 사명으로 빼놓을 수 없는 '믿음'이라는 추임새를 생각해 보기 원합니다. 교회라면 신앙의 공동체라면 마땅히 가져야 할 것이 있는데 그것이 믿음이라는 것입니다.

오늘 본문을 보면 믿음이라는 추임새를 통해 우리는 무엇을 배울 수 있습니까?

첫째, 믿음은 바랄 수 없는 것을 바라게 합니다.

이는 믿음이 희망이라는 것입니다. 더 정확하게 말한다면 믿음이야말로 희망의 근거가 된다는 말입니다. 본문에는 믿음은 바라는 것들의 실상이라고 했습니다. 여기서 사용된 실상이라는 단어는 헬라어로 휘포스타시스(Huipo[under] + stasis[stand])로서 '아래서 받쳐 준다'라는 뜻입니다. 즉, 믿음이 우리가 바라는 것들을 받쳐 주는 근거 혹은 기초가 된다라는 뜻입니다.

인생을 살다 보면 더 이상 아무것도 바라볼 수 없는 절망의 벽을 만날 수 있습니다. 그러나 믿음의 사람들은 이 절망의 벽을 넘어서 앞으로 나아갑니다. 왜냐하면, 믿음으로 바라보기 때문입니다.

아브라함은 갈대아 우르라는 곳에서 희망없이 살고 있었습니다. 그러나 어느 날 갑자기 그는 절망이라는 땅을 떠나는 모험의 결단을 내립니다. 믿음으로 가나안이라는 약속의 땅을 바라볼 수 있었기 때문입니다.

또한, 아브라함은 아이를 가질 수 있는 나이를 지났는데도 로마서 4장 18절에 보면 '바랄 수 없는 중에도 바라고 있었다'고 기록합니다. 왜냐하면 그는 믿었기 때문입니다. 그러기에 그는 진실로 우리들의 믿음의 조상이 될 수 있었던 것입니다.

우리 나라에도 '부갑상선 기능 항진에 의한 각피 석회화증'이란 긴 이름의 희귀병에 걸린 박진식 이라는 청년이 있었습니다. 이 병은 칼슘이 몸 안에서 과다 생성되어 축적됨으로 온몸이 석회처럼 딱딱하게 굳어 버리는 병입니다. 여덟 살부터 다리를 절기 시작한 그는 초등학교를 졸업하자마자 자리에 누워 버려 약 22년에 걸쳐 죽어가는 육신과의 싸움을 시작하게 됩니다.

그러나 마침내 그는 절망을 거부하기로 결심합니다. 그리고 그는 자신과 비슷한 처지에 있는 이들에게 희망을 전하는 도구로 작가가 되기로 결심합니다. 그렇습니다. 불가능한 꿈이었습니다.

하지만, 그는 누워 있는 채로 독학으로 영어와 한문을 배우고 한 손에는 볼펜을 잡고, 또 다른 한 손으로는 컴퓨터 키보드를 두드리면서 30개월여 만에 원고 800장의 고통의 이야기를 탈고하여 한 권의 베스트 셀러를 탄생시킵니다. SBS 다큐멘터리 〈휴먼TV 아름다운 세상〉에도 소개된 그의 책 제목은 다름 아닌 『절망은 희망의 다른 이름이다』입니다.

박진식 씨의 인생은 그대로 감동의 휴먼 드라마였습니다. 그러나 더 자세히 그의 인생을 들여다보면 이것은 그가 하나님을 신뢰했기에 가능한 믿음의 드라마입니다. 물론, 그는 처음부터 신앙인은 아니었지만, 이 지독한 고통과 대결하면서 마침내 욥의 믿음을 갖게 되고 예수님을 구주로 영접합니다. 이처럼 믿음은 바랄 수 없는 것을 바라게 합니다.

둘째, 믿음은 볼 수 없는 것을 보게 합니다.

믿음이 곧 비전입니다. 비전은 볼 수 없는 것을 보게 하는 능력입니다. 믿음은 절망을 희망으로 바꾸는 능력일 뿐만 아니라 미래를 창조하는 비전입니다.

아브라함에게 가나안 땅은 보이지 않는 땅이었지만, 그는 믿음의 눈으로 약속의 땅을 볼 수 있었습니다. 비전의 사람은 남이 보지 못하는 것을 보는 사람입니다. 그리고 그는 그가 보는 바를 따라 행동합니다. 왜냐하면 확신하기 때문입니다.

오늘 본문에서 '보지 못하는 것의 증거'라는 말씀에서 증거(elechos)는 '내적 확신'을 뜻하는 말입니다. 노아에게 홍수는 보이지 않는 미래였습니다. 그러나 다가오는 홍수를 믿음으로 보고 노아는 방주를 짓기 시작했습니다. 노아 시대 사람들의 눈에 비가 올 징조는 하나도 보이지 않았습니다. 그러나 노아의 믿음의 눈에는 온 세상이 물에 잠기는 모습이 보였고 그는 홀로 그의 가족과 함께 부지런히 확신을 가지고 방주를 준비할 수 있었던 것입니다.

여호수아 시대의 이스라엘 백성들에게 여리고성이라는 존재는 무너질 수 없는 성의 신화였습니다. 그러나 여호수아는 믿지 못하는 백성들을 이끌고 이 난공불락의 성을 도는 바보들의 행진에 확신을 가지고 계속합니다. 왜냐하면, 그의 눈에는 무너진 성이 보였기 때문입니다. 이처럼 믿음은 볼 수 없는 것을 보게 합니다.

월트 디즈니가 그의 꿈이었던 어린이의 놀이동산 디즈니랜드를 LA 근교에 건설한 후에 그는 그것만으로는 만족할 수가 없었습니다. LA에서 겪은 시행착오의 경험을 살려 더 넓은 곳에서 더 과학적이고 더 자연 친화적인 놀이동산을 만들고 싶어했습니다. 그런 그는 또 다시 플로리다 월트 디즈니 월드 프로젝트에 매달리기 시작했습니다. 그러나 아쉽게도 월트 디즈니 월드가 오픈되기 전에 그는 세상을 떠나게 되었습니다.

월트 디즈니 월드 개막식에서 유명한 인사 한 분이 축사하며 오늘 월트 디즈니 씨가 이 광경을 보지 못하고 먼저 간 것이 안타깝다고 말했습니다. 그런데 이어서 등단한 월트 디즈니의 미망인은 이렇게 답사했습니다.

조금 전에 축사하신 분이 제 남편에 대한 여러 좋은 말씀을 해주신 것에 대해 감사드립니다. 그러나 한 가지 분명하게 말씀드리고 싶은 것이 있습니다. 여러분이 제 남편이 오늘 이 개막식을 보지 못한 것이 아쉽다고들 하십니다. 하지만, 사실 제 남편은 오늘 이 동산이 열리는 것을 분명하게 보면서 일을 했다는 것을 말씀드리고 싶습니다. 그가 보았기 때문에 우리가 오늘 여기에 있는 것입니다.

이것이 바로 비전입니다. 믿음은 바로 이 비전의 산실입니다.

셋째, 믿음은 할 수 없는 것을 하게 합니다.

믿음은 단순히 희망 사항으로 끝나지 않습니다. 우리의 믿음이 진지하다면 믿음은 반드시 구체적인 결과를 가져올 수 있다는 것입니다.

오늘 본문 2절에서 히브리서 기자는 그것을 선진들 곧 선배들이 믿음으로 증거를 얻었다고 표현합니다. 여기서 증거라는 말은 법적인 효력이 있는 증거를 뜻하는 말입니다. 즉, 심증이 아니라 물증인 것입니다. 그러기에 어떤 영어 번역은 여기의 "증거"라는 말을 'good report'라는 말로 번역했습니다. 믿음이 좋은 성적 곧 좋은 결과를 얻게 했다는 말입니다.

이 믿음은 신념을 포함하지만, 출발에 있어서 그 근거가 다르고 결과에 있어서 신념을 넘어서는 것이라고 말할 수 있습니다. 즉, 신념의 출발 근거는 내 자신이지만, 믿음의 근거는 하나님의 말씀입니다. 바로 이 말씀이 우리 눈에 보이는 이 거대한 세상을 만든 바로 보이지 않는 힘이었습니다.

그러기에 하나님의 말씀 앞으로 나와야 합니다. 이 위대한 세상을 창조하신 동일한 하나님의 말씀이 당신에게 말씀하시는 그 음성을 들어보십시오. 사람의 소리가 아닌 나의 주인 되신 그리스도의 음성을 들어보십시오. 그분은 나의 죄와 절망을 십자가에서 대신하여 죽으심으로 나의 새 삶과 희망을 위해 부활하신 분이십니다!

믿음은 들음에서 나며 들음은 그리스도의 말씀으로 말미암은 것입니다.

이제는 그분의 음성을 들으십시오.
이제는 그분의 말씀을 신뢰하십시오.
이제는 그분의 인도를 받으십시오.
이제는 그분의 말씀을 붙들고 행동으로 옮기십시오.
분명코 오래지 않아 당신의 여리고 성이 무너지는 것을 보게 될 것입니다.
분명코 오래지 않아 홍해 바다가 갈라지게 될 것입니다.
분명코 오래지 않아 하나님께서 약속하신 그 약속의 땅에 분명히 들어서게 될 것입니다.

아무쪼록 주님의 이 약속의 말씀을 믿음으로 우리의 믿음이 시작되며 회복되는 그러한 신실한 믿음의 종, 그 주인공이 되기를 예수님 가장 귀하신 이름으로 축복합니다!

『절망은 희망의 다른 이름이다』의 저자 박진식 형제가 그 고통의 긴 터널을 지나오면서 배울 수 있었던 가장 중요한 교훈은 다름 아닌 비전과 감사였습니다. 그는 서문에서 독자들에게 이렇게 말합니다.

> 지금, 이 순간 세상 살아가기가 힘들다고 절망하신 분이 있다면 제 이야기를 읽고 부디 힘을 내시기를 바랍니다. 저는 꿈만 꿀 수 있어도 행복한 인생이라고 생각합니다. 아무리 참담한 현실에 처해 있을지라도 살아 있는 한 꿈을 버리지 마십시오. 그리고 여러분 울지만 마십시오 ….

그리고 이 책의 끝머리 부분에 '마침내 맞이한 내 안의 신앙'이라는 장에 보면 그가 참된 신앙을 갖고 깨닫게 된 가장 소중한 것은 감사였다고 고백합니다.

> 내가 아픔으로 깨달은 것은 감사였다. 밥을 삼키기 힘겨워졌을 때 단지 음식물을 삼킬 수 있음에 감사가 우러나오고, 숨쉬기가 힘겨워졌을 때 단지 고른 숨을 쉴 수 있음에 감사가 우러나오고, 중 장애인이 되었을 때 한 손가락 한 손이라도 움직일 수 있음에 감사가 우러나오고, 온몸이 중증의 돌 인간이 되었을 때 단지 머리와 몸통만이 정상이어도 감사하다는 것을 뼈에 새겼다. 하나 덧붙이자면, 평형기관마저 손상되었을 때 나는 어느 생명체에게나 당연하게 여겨지는 것들이 얼마나 소중하고 얼마나 고마운 것인지 절절히 깨달았다.

이 책의 마지막 줄은 이런 고백으로 마무리하고 있습니다.

> 끝으로 제가 아직도 살아 있다는 사실에 감사드립니다.

분명한 것은 믿음이 그에게 꿈을 주었고 감사를 선물한 것입니다. 우리에게도 이러한 동일한 믿음이 있기를 예수님 가장 귀하신 이름으로 축복합니다!

기도

하나님, 우리에게 믿음을 선물로 주시니 감사합니다. 이 믿음 또한 우리의 것이 아님을 평생 기억하게 하여 주시옵소서. 하나님의 은혜로 말미암은 이 믿음이 더욱더 굳세어져 가도록 귀한 종들 믿음의 종들로 더욱 더 붙들어 주시고 인도하여 주시옵소서. 그리고 하나님에 대한 인격적 신뢰인 믿음의 본질을 더욱 경험하게 하여 주시옵소서. 예수님 가장 귀하신 이름으로 축복하며 간절히 기도드립니다! 아멘!

소그룹 나눔 및 개인 묵상을 위한 질문

1. '믿음'에 대한 개인적인 생각은 무엇인지 '믿음'의 성경적인 정의는 무엇인지 삶의 여정 가운데 '믿음'을 통해 바랄 수 없는 것을 바라게 한 경험이 있다면 나누어 봅시다.

2. '비전의 사람'이 되려면 어떻게 해야 하는지 볼 수 없는 것을 보게 하는 '믿음'은 어떻게 이룰 수 있는지 '비전의 산실'인 믿음을 위해 간절한 기도를 드립시다.

3. '할 수 있게 하는' 믿음의 삶은 결국 우리에게 무엇을 가져다 주는지 '하나님에 대한 인격적인 신뢰의 믿음의 본질'은 좀 더 구체적으로 어떻게 이룰 수 있을지 나누어 봅시다.

제4장

감사를 통한 추임새

(시편 50:23)

이번에는 감사라는 추임새로 우리의 삶과 교회를 세워가길 바라는 마음으로 말씀을 나누도록 하겠습니다. 그저 단지 교회생활에만 국한된 것이 아니고 오늘 한 분 한 분이 이 감사라는 추임새로 행복한 인생을 가꾸어 가시기를 예수님 가장 귀하신 이름으로 축복합니다.

감사한 것은 추임새에 대해서 말씀을 전하면서 우리 교회 권사님께서 저에게 추임새를 알려 주셨습니다. 그동안 기도와 예배에 대해서 나누었는데 다음에는 어느 추임새에 대해서 증거할 것인가 내기까지 하실 뻔했다는 말씀을 전해 주시면서 다음이 기대된다고 하셨는데 그것이 저에게 또 한 번의 추임새로 다가왔습니다.

우선, 추임새는 박자와 리듬같이 반드시 있어야 하는 것으로 우리 신앙생활에서도 꼭 있어야 하는 것이 '감사'입니다.

첫째, 감사는 우리를 향하신 하나님의 뜻입니다.

오늘 시편 50편은 아삽의 시로 소개되고 있습니다. 아삽은 다윗이 하나님의 법궤를 다윗성으로 모셔 올 때, 놋 심벌즈를 치는 역할을 했습니다. 이어 여호와의 법궤 앞에서 섬기는 찬양대의 책임자로 임명을 받습니다. 또한, 아삽의 자손들은 대대로 하나님의 성전에서 노래하는 사명을 감당했습니다.

바벨론 포로 생활에서 귀환해 무너진 성전을 재건하기 위하여 기초를 놓을 때도 아삽 자손 148명이 하나님을 찬양했습니다. 아삽과 그 후손은 성전에서 찬양하면서 이스라엘 백성이 하나님을 기쁘게 해드리는 제사를 드리기를 간절히 원했습니다.

본 시편은 그러한 아삽의 관심사를 잘 대변해 주고 있습니다. 그러기에 참다운 제사에 대해서, 하나님이 기뻐하시는 제사에 대해서 말씀하고 있습니다. 그런데 이스라엘공동체에 문제가 있었습니다. 하지만, 그것은 그들이 드린 제물에 있지는 않았습니다. 그들은 꼬박꼬박 하나님에게 제물을 잘 드렸기 때문입니다(시 50:8).

하나님께서는 이스라엘 백성에게 진정으로 원하시는 참 제사는 '감사하는 마음'이라고 분명하게 밝히셨습니다(시 50:23).

> [시 50:23] 감사로 제사를 드리는 자가 나를 영화롭게 하나니 그의 행위를 옳게 하는 자에게 내가 하나님의 구원을 보이리라.

하나님은 감사의 마음을 담을 그릇으로 제사를 드리게 하셨습니다. 그런데 이스라엘 백성은 그 그릇만 달랑 드리고 정작 중요한 내용인 감사의 마음을 생략한 것입니다. 이는 손님을 식사에 초대해 놓고 본차이나 같은 고귀한 그릇만 상에 잔뜩 펼쳐 놓고 정작 음식은 담아드리지 않는 것과 같습니다.

그런 제사가 무슨 소용이 있겠습니까?

이때 역시 결정적으로 중요한 것이 감사의 마음입니다. 감사한 마음의 부재는 아직 채워지지 않은 자아가 존재함을 의미합니다. 그런 자아를 안은 채 아무리 헌신한들 그것은 결국 자기 성취를 위한 수단이 될 수밖에 없습니다. 반면에 감사한 마음으로 충만한 사람은 내면의 자아까지 온전히 산 제물로 하나님께 기꺼이 드릴 수 있습니다.

바울을 보십시오. 예수 그리스도를 만나 그는 너무나 감사했습니다. 자기 자신을 위해서는 더 이상, 이 땅에서 바랄 것이 하나도 없었습니다. 그래서 당장 죽어서 그리스도 곁으로 가는 것이 제일 좋다고 한 것입니다. 그래서 그는 데살로니가 교회에 보내는 편지에서 이렇게 말씀하고 있습니다.

[살전 5:18] 범사에 감사하라 이는 그리스도 예수 안에서 너희를 향하신 하나님의 뜻이니라.

또한, 범사에 감사하는 것이 하나님의 뜻인 것을 친히 아신 예수님께서는 하나님의 뜻에 따라 그야말로 하나님의 추임새로 사셨던 분입니다. 예수님에게 위기 상황인 십자가에 달리시기 바로 전날 밤 최후의 만찬 자리에서 예수님은 감사드렸습니다.

[마 26:26-27, 개역한글] 저희가 먹을 때에 예수께서 떡을 가지사 축복하시고 떼어 제자들을 주시며 가라사대 받아 먹으라 이것이 내 몸이니라 하시고 또 잔을 가지사 사례하시고(give thanks).

예수님은 이 마지막 만찬이 끝나면 당신이 로마 병정들에 의해 체포당하시고 십자가로 가실 것을 알고 계셨습니다. 그가 지금 나누시고 있는 "이것은 내 몸이니라"라고 말씀하신 떡은 잠시 후 십자가에서 부서져야 할 그의 몸이었습니다. 그리고 이어서 나누시는 잔은 잠시 후 십자가에서 흘리셔야 할 그의 피였습니다.

그래서 그는 지금 마태복음 26장 28절에서 말씀하십니다.

> [마 26:28] 이것은 죄 사함을 얻게 하려고 많은 사람을 위하여 흘리는바 나의 피 곧 언약의 피니라.

이렇게 인생 최대 위기인 죽음 앞에서 예수님은 감사의 기도를 드리셨습니다.

요한복음 11장에 보면 예수님의 사랑스러운 친구가 직면한 위기를 다루고 있습니다. 친구 나사로가 병을 앓다가 갑자기 죽은 것입니다. 그런데 예수님은 친구의 무덤 앞에서 감사 기도를 드렸습니다.

물론, 예수님은 친구 나사로의 죽음이 친구의 부활의 현장이 될 것을 알고 계셨습니다. 그러나 죽음은 여전히 슬픈 것이고 아픈 것입니다. 예수님께서도 친구의 무덤에서 눈물을 흘리셨습니다. 하지만, 그의 슬픔은 이내 감사로 이어지고 있습니다.

> [요 11:41] 돌을 옮겨 놓으니 예수께서 눈을 들어 우러러 보시고 이르시되 아버지여 내 말을 들으신 것을 감사하나이다.

이 죽음 앞에서도 기도할 수 있다는 것 그리고 기도하면 그 기도를 들으실 하나님 아버지가 계시다는 사실에 감사하고 계신 것입니다.

어떻게 예수님은 자기 죽음 앞에서 그리고 친구의 죽음 앞에서도 감사할 수 있으셨을까요?

우리 주님은 비단 축복된 순간에만 감사하지 않으셨습니다. 그분은 삶의 어떠한 상황, 그것이 죽음을 직면한 위기의 상황에서도 감사를 잊지 않으셨습니다. 예수님께서는 감사가 우리를 향한 하나님의 뜻임을 일깨워 주신 것입니다. 감사라는 추임새로 어떠한 상황 가운데에서도 마땅히 우리가 살아가야 할 것을 가르쳐 주신 것입니다.

우리는 지금 신앙생활의 추임새로 감사에 대해서 생각해 보고 있습니다. 그래서 감사라는 추임새의 박자, 리듬에 대한 부분을 살펴보았습니다. 이번에는 추임새가 갖는 또 다른 의미인 흥을 돋우고 북돋아 주는 역할에 대해서 묵상하고자 합니다.

둘째, 감사는 기적과 축복의 통로입니다.

범사에 감사하고 계십니까?

오늘 본문 시편 50편 23절 하반 절에 "내가 하나님의 구원을 보이리라"라고 말씀하고 있습니다. 우리가 감사하면 하나님이 영광 받으실 뿐만 아니라 우리의 삶에도 기적이 일어난다는 것입니다. 우리 삶의 현장 속에서 구원이 이루어진다는 것입니다.

인간의 힘으로 울어도 안 되고, 애써도 안 되고, 힘써도 안 되는 일들이 감사하면 이루어진다는 것입니다.

이것이 기적 아니겠습니까?

그런 은혜가 여러분의 현장에서, 삶의 현장에서, 가정이나, 직장이나, 일터에서 이루어지기를 예수님 가장 귀하신 이름으로 축복합니다.

마태복음 14장 19절에서 오병이어의 기적의 이야기가 기록되어 있습니다.

> [마 14:19] 무리를 명하여 잔디 위에 앉히시고 떡 다섯 개와 물고기 두 마리를 가지사 하늘을 우러러 축사하시고(감사하시고) 떡을 떼어 제자들에게 주시매 제자들이 무리에게 주니.

영어 성경과 우리말 성경 번역을 비교해 보면 예수님께서 식사 전에 "감사하셨다"를 "축사하셨다"라고 번역했습니다. 이는 '감사'와 '축복'이 동의어처럼 사용되고 있는 것을 보여 줍니다.

그런데 사실 이 상황에서 감사는 매우 비현실적인 것이지 않습니까? 21절을 보면 당시 먹은 사람이 여자와 어린아이 외에 오천 명이나 되었다고 했습니다. 무리의 필요는 엄청났는데 한 아이가 가져온 점심은 겨우 보리떡 다섯 개와 물고기 두 마리였습니다. 하지만, 그것이라도 감사할 수 있었을 때, 바로 기적이 일어난 것입니다.

그러므로 오병이어의 기적은 '감사의 기적'이라고 할 수 있습니다. 감사를 통해 순간순간마다 기적을 체험하며 하나님께 영광을 돌리고, 하나님의 구원을 체험하면서 누리는 주의 종이 되시기를 예수님 가장 귀하신 이름으로 축복합니다.

[시 100:4-5] 감사함으로 그 문에 들어가며 찬송함으로 그 궁정에 들어가서 그에게 감사하며 그 이름을 송축할지어다 대저 여호와는 선하시니 그 인자하심이 영원하고 그 성실하심이 대대에 미치리로다.

우리가 감사하면 우리의 인생이 이처럼 번성해집니다(through all generation). 예레미야 30장 19절에서도 말씀하고 있습니다.

[렘 30:19] 그들에게서 감사하는 소리가 나오고 즐거워하는 자들의 소리가 나오리라 내가 그들을 번성하게 하리니 그들의 수가 줄어들지 아니하겠고 내가 그들을 존귀하게 하리니 그들은 비천하여지지 아니하리라.

감사하는 소리와 즐거워하는 목소리가 그 많은 사람 속에서 막 들려올 때, 그 대중 속에서 들려올 때, 그 민족 속에서 들려올 때, 그 성도 속에서 들려올 때 우리 모두 그 어떤 상황 속에서 하나님 앞에 감사, 감사, 감사를 올려 드려봅시다. 틀림없이 약속하셨습니다.

번성하게 된다!
쇠잔하지 않는다!
영화롭게 된다!
절대로 비천해지지 않는다!

우리가 감사드릴 때, 감사의 삶을 살 때 하나님은 우리에게 이러한 추임새로 다가와 주십니다.

크리스마스이브, 샌프란시스코에 있는 캘리포니아 제일장로교회 스미스 목사는 아내와 크리스마스트리 만들기에 분주하던 중, 2층 열 살 난 아들 방에서 '쿵' 하는 소리와 함께 무엇인가 와장창 무너지는 소리가 들렸습니다. 스미스 목사 부부가 2층으로 뛰어 올라가 보니 아들이 바닥에 뒹굴며 숨이 막혀 신음하고 있었습니다.

나중에야 알게 된 병명은 급성 후두 종기 팽창증이었습니다. 목의 근육이 팽창하여 호흡기를 막아 숨을 쉴 수 없게 하는 병입니다. 응급 수술이 절대 필요했습니다. 아들은 죽어가고 있었습니다.

스미스 목사는 전화기를 붙잡고 병원을 찾았으나 크리스마스이브로 어느 병원에도 의사가 없었습니다. 할 수 없이 스미스 목사는 멀리 할리우드에 있는 의사인 친구에게 전화해서 도움을 요청했습니다. 그러자 친구는 말했습니다.

"내가 당장 달려가겠네. 그때까지 살아 있기를 기도하게!"

스미스 목사는 또다시 전화기를 붙들고 계속해서 병원을 찾고 찾았으나 헛일이었습니다. 그러던 중 스미스 목사는 문득 이런 생각이 들었습니다.

'아, 그동안 나는 이처럼 어려운 지경에 이른 교인들을 찾아가 무엇이라고 했던가?

비록 이해할 수 없더라도 '하나님의 뜻으로 받아들이세요. 오히려 감사하십시오.'라고 하지 않았던가?

너는 잠잠하여 내가 하나님인 줄 알라고 권면하지 않았던가?

그런데 막상 그런 일에 닥친 나는 지금 어떠한가?'

스미스 목사는 전화기를 내려놓았습니다. 그리고 자기 말대로 이 험악한 사실을 받아들이고 감사 기도를 드리기로 결심했습니다. 스미스 목사는 아이를 붙들고 눈물을 흘리며 고통 속에서 간절한 감사의 기도를 드리기 시작했습니다.

"오, 하나님 아버지 이 아이의 생명을 구하여 주옵소서. 그러나 아버지의 뜻대로 하십시오. 만약 아들이 죽는다고 하더라도 하나님께서 내게 이 아들을 주시어 지난 10년 동안 즐겁고 행복한 시간을 보내게 하신 축복에 감사하나이다."

기도를 마치자 전화벨이 울렸습니다.

할리우드의 친구 의사였습니다.

"여보게, 수십 번도 더 전화했는데 통화 중이더구먼. 마침, 자네 이웃 마을에 의사인 나의 독일 친구가 와 있다는 연락을 받았네. 어서 찾아가게."

스미스 목사는 정신없이 밤길을 달려 그 독일 의사를 모셔 왔고, 거의 숨이 넘어가던 아이를 부엌 테이블 위에 뉘어 놓고 기관절개 수술을 하여 아이를 살렸습니다. 스미스 목사가 감사 기도를 드리기로 결심하고 전화기를 내려놓은 그 순간이 바로 그 사랑하는 아들의 생명을 구한 기적의 순간이었던 것입니다.

"집비둘기는 언제나 집으로 돌아오는 법이다."

"세 치 혀가 백만 군사보다 강하다."

이 격언들의 의미는 한 번 내뱉은 말은 반드시 자기에게 돌아온다는 말인 것입니다. 불평을 말하면 분명히 불평거리가 옵니다. 감사를 말하면 분명히 감사가 되돌아옵니다.

우리 모두 불평하는 말에는 게으르고 감사하는 말에는 부지런하기를 바랍니다. 분명히 좋은 일은 일어납니다. 기적은 일어납니다. 감사를 통해 하나님은 또 다른 구원을 우리에게 허락하실 것입니다. 감사는 또 다른 기적과 축복을 가져오게 됩니다.
그래서 유명한 스펄전 목사는 이렇게 말했습니다.

> 한 자루의 촛불을 인하여 감사하는 자에게는 별빛을 주시고, 별빛을 인하여 감사하는 자에게는 달빛을 주시고, 달빛을 인하여 감사하는 자에게는 햇빛을 주시고, 햇빛을 인하여 감사하는 자에게는 햇빛도 필요 없는 천국을 주신다.

그러므로 아무리 작은 것이라 해도 즉각적으로 감사하십시오. 지금도 마귀는 끊임없이 우리의 삶을 비참하게 보도록 속삭입니다. 그 속삭임에 넘어가 불평하면 진짜 불평거리가 더 생기지만, 구원의 은혜를 비롯한 하나님의 크신 은혜를 깨닫고 감사하면 진짜 감사할 것이 더 생깁니다.
마지막으로 '감사해야 할 10가지 이유'를 소개해 드리고 말씀을 정리하도록 하겠습니다.

1. 10대 자녀가 반항을 하면 그건 아이가 거리에서 방황하지 않고 집에 잘 있다는 것입니다.
2. 당신의 옷이 몸에 좀 낀다면 감사하십시오. 그것은 당신이 잘 먹고 잘살고 있다는 것입니다.

3. 당신이 깎아야 할 잔디, 닦아야 할 유리창, 고쳐야 할 하수구가 있다면 감사하십시오. 그것은 당신에게 집이 있다는 것입니다.
4. 당신이 지불해야 할 난방비가 너무 많이 나왔다면 감사하십시오. 그것은 당신이 따뜻하게 살고 있다는 것입니다.
5. 당신이 세탁하고 다림질 해야 할 일이 산더미라면 감사하십시오. 그것은 당신에게 갈아입을 옷이 많다는 것입니다.
6. 멀리라도 주차할 공간을 찾았다면 감사하십시오. 당신에게 잠시라도 걸어갈 운동의 기회가 주어졌다는 것입니다.
7. 당신에게 불평할 대통령이 있다면 감사하십시오. 당신은 지금 언론의 자유가 보장된 나라에서 살고 있는 것입니다.
8. 교회에 앉아 있는 교우의 찬송 음정이 엉망으로 들려오고 있다면 감사하십시오. 당신의 청각은 정상이기 때문입니다.
9. 당신이 이른 새벽 시끄러운 자명종 소리에 깼다면 그건 내가 살아 있다는 것입니다.
10. 하루해가 저물어 온몸이 나른하고 피곤하거든 감사하십시오. 당신은 오늘 하루도 생산적으로 열심히 사신 것입니다.

감사는 우리를 향하신 하나님의 뜻입니다.
하나님의 뜻대로 살아가기를 원하십니까?
범사에 감사하십시오. 이것은 분명한 하나님의 뜻입니다. 우리를 향하신 하나님의 추임새, 즉 박자요 리듬인 것입니다. 감사를 드림으로 감사의 삶을 살아감으로 우리는 기적과 축복을 경험할 수 있는 것입니다. 이 또한 우리를 응원하시며 북돋아 주시는 또 다른 하나님의 추임새인 것입니다.

  아무쪼록 이 감사의 추임새로 삶과 가정과 일터 그리고 교회를 세워가는 주의 종들이 되시기를 예수님 가장 귀하신 이름으로 축복합니다.

기도

하나님, 우리의 삶 가운데 하나님의 추임새가 있게 하시니 감사합니다. 무엇보다 감사의 삶을 사는 것이 하나님의 뜻에 맞추어 사는 것임을 알게 하시어 끊임없는 감사의 삶을 살아갈 수 있도록 주의 종들의 삶을 친히 인도하여 주시옵소서. 또한, 감사를 통해 우리의 삶에 기적과 축복을 허락하시는 이 하나님의 추임새를 끊임없이 경험하여 이 감사의 추임새로 우리의 삶을, 가정을, 일터를, 교회를 세워 나가는 주의 종들이 되게 하여 주시옵소서. 예수님 가장 귀하신 이름으로 축복하며 간절히 기도드립니다! 아멘!

소그룹 나눔 및 개인 묵상을 위한 질문

1. '감사가 하나님의 뜻'이라는 말을 자기 언어로 표현하자면 무엇이라고 할 수 있는지 '죽음을 직면한 위기의 상황에서 감사'란 어떠한 의미로 다가오는지 나누어 봅시다.

2. '감사'가 '축복'이었음을 경험한 현장이 있었는지 하나님의 크신 은혜를 깨닫고 더 많은 감사를 경험하고 있는지 나만의 감사 리스트를 구체적으로 정리하여 감사 기도를 드립시다.

제5장

교회 사랑을 통한 추임새

(마태복음 16:18)

위대한 물리학자 아인슈타인은 평소에 교회를 탐탁치 않게 생각하며 교회에 대하여 부정적인 이미지를 갖고 있었습니다. 그러나 히틀러에 의해 독일이 미쳐 돌아갈 무렵, 소위 독일 '고백교회' 지도자들의 기도와 신앙고백 그리고 그들의 외로운 항거를 지켜보며 교회에 대한 평소의 선입견을 완전히 바꾸게 됩니다.

아터 코크래인(Arthur Cochrane)이라는 사람은 그의 저서 『히틀러 치하의 교회의 고백』이라는 책에서 이 위대한 물리학자 아인슈타인이 한 잡지에 기고했던 성명서의 내용을 인용하며 그의 고백을 다음과 같이 소개하고 있습니다.

나는 히틀러의 나치 혁명이 한참일 때 자유에의 헌신을 가르치던 대학들이 히틀러에 대하여 어떠한 태도를 취하는지 기대하고 지켜보았다. 그러나 이상하게 대학은 입을 봉하고 말았다. 그리고 자유를 지지하는 수많은 논설을 써 온 신문에 기대를 갖고 그들의 목소리에도 귀를 기울였으나 나치 혁명 단 몇 주 만에 언론조차도 입을 다물어 버리고 말았다.

그런데 이런 와중에서 오직 예수 그리스도의 교회만이 히틀러의 계획을 가로막고 나섰다. 그 이전에 나는 교회에 대하여 어떤 형태라도 관심을 갖지 않았다. 그러나 이제는 다르다. 참된 지성과 진정한 도덕적 자유를 위하여 나치와 맞서 분명히 항거하며 외롭게 싸우고 있는 저 교회에 대하여 나는 엄청난 애정과 감탄을 느끼고 있다. 한때 내가 무시하던 교회에 대하여 이제 나는 찬사를 아끼지 않는다고 서슴없이 고백하는 바이다. 교회는 세상의 소망이다. 나는 교회를 사랑한다.

정직하게 말하면 교회는 역사를 통해서 잘하기도 하고 잘못하기도 했습니다. 하지만, 교회에서 빛이 완전히 사라졌던 때는 없었습니다. 아마도 그 빛이 완전히 사라졌다면 교회 또한 세상에서 그 존재가 소멸하고 말았을 것입니다.

그러나 빛은 언제나 어두움 속에서 그 존재를 드러내고 있었고, 그 빛을 통하여 세상의 소망이 되어 주었습니다. 그렇습니다. 세상의 소망이어야 하고 세상의 빛이어야 할 교회, 비록 때로는 주님의 기대와 사람들의 기대에 못 미치기도 했지만, 교회의 존재가 지금까지 지속되어 온 유일한 이유는 교회의 주인이 예수 그리스도이기 때문입니다.

마태복음 16장 18절에서 예수님은 친히 교회를 가리켜 '나의 교회'(My church)라고 선언하십니다. 그리고 아인슈타인이 교회를 사랑한다고 고백하기 훨씬 전에 예수님은 교회를 사랑한다고 고백하십니다. 그러기에 교회 사랑이야말로 우리 교회가 건강하게 세워져 가는 데 없어서는 안 될 중요한 추임새가 되는 것입니다.

우리가 마땅히 따라야 할 이 추임새, 즉 교회를 향한 사랑이 어디에 근거하는지, 왜 우리가 교회를 사랑하고 소중히 여겨야 할 것인지를 말씀을 통해 생각해 보도록 하겠습니다.

첫째, 그리스도께서 교회를 세우러 오셨기 때문입니다.
우리는 흔히 예수님께서 이 땅에 오신 그분의 미션을 확인할 때마다 그가 이 땅에 오신 이유는 우리의 구원을 위해서라고 말합니다. 맞습니다. 그분은 우리의 구원을 위해서 오셨습니다.

[눅 19:10] 인자가 온 것은 잃어버린 자를 찾아 구원하려 함이니라.

그러나 그분은 단순하게 개개인을 구원하시는 데서 머물러 있지 않으십니다. 예수님을 통해 구원받은 우리가 세상을 구원하는 사명을 완수하고 구원의 복음을 전하는 공동체를 세우는 것이 그분의 사명이었습니다.
그래서 오늘 본문에서 연약한 제자들 앞에서 그리고 아직도 미성숙하기만 했던 제자 베드로를 향해 교회 창립을 선언하고 계신 것입니다.

[마 16:18] 또 내가 네게 이르노니 너는 베드로라 내가 이 반석 위에 내 교회를 세우리라 … .

베드로는 한 개인에 불과했지만, 그가 주님 앞에 엎드려 "주는 그리스도시요 살아계신 하나님의 아들이시니이다"(마 16:16)라고 고백하자 그의 고백과 헌신으로부터 주님은 교회의 미래를 보신 것입니다.

교회에 많은 사람이 나오고 있다는 것은 구원의 복음이 보다 많은 사람에게 전해지고 있다는 점에서 기뻐할 일이지만, 우리가 잊지 말아야 할 것은 교회의 존재는 의미 없는 다수가 아닌 진정으로 헌신된 소수에 의존해 왔다는 교회사를 통해 얻는 교훈입니다.

이러한 교훈은 지금도 우리 삶 가까이에서 얻을 수 있습니다. 한 예로 어느 개척 교회 목사는 교회를 개척하고 열심히 전도했는데도 일 년이 지나도 교인이라곤 교회학교 어린이 몇 명뿐 장년은 한 명도 모이지 않아 너무 실망이 되어 모든 것을 포기하고 싶었답니다. 그래서 어느 날 새벽 기도 시간에 울며 기도 했습니다.

"주님, 이 장소가 잘못된 것입니까? 교회 문을 닫아야 합니까? 아니면 한 번 더 장소를 옮겨야 합니까? 일 년이 지났는데 교인은 아직 한 명도 없습니다."

기도를 마치고 돌아오자, 사모님이 편지 한 통을 건네주어 뜯어 보니 초등학교 2학년 유년부 학생이 쓴 편지였다고 합니다.

목사님, 저는 목사님이 찬 바람 부는 날에도 전도지를 돌리시는 것을 보았습니다. 감기는 안 드셨는지요? 많은 사람이 우리 교회에 나오면 얼마나 좋을까요? 저는 매일 잠자리에 들기 전에 목사님을 위해 기도하고 있습니다. 목사님, 힘을 내세요.

그날 아침 그 개척 교회 목사는 그 어린 학생을 자기 교회의 소중한 교인으로 생각하지 못했던 것을 회개하고 그 어린 영혼에게 자기 교회의 미래를 새롭게 보고 용기를 얻었다고 고백했습니다.

모든 주님의 교회는 그렇게 시작됩니다. 주님께서도 베드로, 야고보, 요한 등 갈릴리의 젊은 어부들과 갈릴리 해변 작은 마을 가버나움에서 그렇게 교회를 시작하셨습니다.

둘째, 교회 사랑이라는 추임새로 세워져 가야 하는데 그렇다면 우리가 교회를 사랑할 또 하나의 이유는 바로 지금도 주께서 교회를 통하여 일하시고 성도들을 만나 주시기 때문입니다.

우리가 주님의 살아계심을 어떻게 인지하고 경험합니까?

우리의 예배, 우리의 기도 응답의 마당이야말로 주님을 만나는 장이라고 할 수 있습니다.

이런 거룩한 공동체인 주님의 몸 된 이 교회를 어떻게 사랑하지 않을 수 있겠습니까?

주님께서 교회에 허락하신 최고의 특권이 무엇입니까?

[마 16:19] 내가 천국 열쇠를 네게 주리니 네가 땅에서 무엇이든지 매면 하늘에서도 매일 것이요 네가 땅에서 무엇이든지 풀면 하늘에서도 풀리리라.

가톨릭에서는 전통적으로 이 열쇠가 교황 베드로에게 주어졌다고 해석했습니다. 그러나 개신교에서는 개인 지도자 베드로가 아닌 베드로로 대표되고 고백 되는 교회공동체의 믿음의 실천으로 해석했습니다.

왜냐하면, 베드로의 신앙고백을 보면 반석은 베드로가 아닌 신앙의 고백이라고 해석되어야 합니다('반석'은 여성 보통명사, '베드로'는 남성 고유명사). 교회공동체에 주시는 특권이자 은혜인 것입니다. 교회를 사랑하고, 주님의 몸 된 교회를 위해 헌신하는 사람들에게 주시는 축복인 것입니다.

여기서 동시대에 살았지만, 너무나 대조적인 두 사람이 이룬 가문을 소개하고자 합니다.

17세기 말경, 맥스 죽스(Max Jukes)라는 주정뱅이 무신론자가 있었습니다. 그는 하나님을 믿지 않는 여성과 결혼했습니다. 그로 말미암아 그의 가문의 7, 8대까지 1,200여 명의 자손 중 310명이 거지로 죽고, 150명이 범죄자가 되었으며, 그들 가운데서 7명이 살인자였고, 100명이 술주정뱅이였으며, 영양실조로 죽은 아이가 300명, 감옥에 간 자가 130명이었으며 여성의 절반 이상이 몸을 파는 창녀들이었다고 합니다. 그뿐만 아니라 죽스의 자손들은 미국 정부에 125만 달러(19세기의 달러 가치로 환산할 때) 이상의 손해를 끼쳤다고 합니다.

반면, 같은 시대를 살았던 조나단 에드워즈(Jonathan Edwards)라는 사람은 하나님을 그의 삶의 첫 번째 자리에 모신 헌신된 크리스천이었습니다. 영국의 설교자 조지 휫필드(George Whitefield)와 같은 시기에 미국의 영적 대각성(First Great Awakening)을 주도한 그는 교회를 자기 생명과 같이 사랑했습니다.

그는 믿음이 좋은 자매와 결혼하여 7, 8대에 걸쳐 1,400여 명의 자손이 퍼졌는데, 그의 자손들을 추적해 가보면 죽스의 가문(죽쑨가문^^)과 아주 대조적으로 대학 총장이 73명, 대학 교수가 100명, 학교를 세운 사람이 14명, 문학가 60명, 의사 60명, 군대의 장교가 75명, 재판관과 변호사가 180명, 뉴욕시장 1명, 부통령 1명, 신실한 선교사와 목사가 100명이었다고 합니다. 물론, 조나단 에드워즈의 자손 가운데 어느 한 사람도 정부에 해를 끼치거나 짐이 된 사람도 없었다고 합니다.

과연 어떻게 이처럼 대조되는 가문을 이루었을까요?

아니, 어떻게 조나단 에드워즈의 가문이 그렇게 될 수 있었을까요?

그것은 다름 아닌 조나단 에드워즈, 그가 18세에 놀라운 회심을 경험한 이후 평생 주님의 교회를 사랑하고 헌신했던 사람입니다.

계속해서 조나단의 외손자인 티모시 드와이트(Timothy Dwight)를 소개해 드리고자 합니다. 그는 미국 초대 대통령인 조지 워싱턴(George Washington)의 친구였으며 22년 동안 예일대학교의 총장으로 많은 영향력을 행사했던 하나님의 사람이었습니다. 그는 예일대학교 총장 시절 찬송가 208장 〈내 주의 나라와〉를 작시했습니다.

> 내 주의 나라와 주 계신 성전과 피 흘려 사신 교회를 늘 사랑합니다
> 내 주의 교회는 천성과 같아서 눈동자 같이 아끼사 늘 보호하시네
> 이 교회 위하여 눈물과 기도로 내 생명 다하기까지 늘 봉사합니다
> 성도의 교제와 교회의 생활과 구주와 맺은 언약을 늘 좋아합니다
> 하늘의 영광과 베푸신 축복이 진리와 함께 영원히 시온에 넘치네

이처럼 교회를 사랑하고 생명과 같이 여긴 믿음의 사람을 통해 주님의 몸 된 교회를 목숨과 같이 여긴 또 다른 믿음의 자손이 세워지

게 되는 것입니다.

[마 16:19] 내가 천국 열쇠를 네게 주리니 네가 땅에서 무엇이든지 매면 하늘에서도 매일 것이요 네가 땅에서 무엇이든지 풀면 하늘에서도 풀리리라 하시고.

그렇습니다. 하나님은 분명 교회를 통해 일하십니다. 주님의 몸 된 교회를 자기 생명과 같이 아끼며 사랑하는 자들을 통해 이러한 축복을 약속하십니다. 아무쪼록 교회사랑 추임새로 교회를 함께 세워가는 주의 종이 되시기를 예수님 가장 귀하신 이름으로 축복합니다.

기도

하나님, 주님께 주님의 핏값으로 사신 교회입니다. 주님께서 "내 교회"(My church)라고 하신 것처럼, 이는 주님의 교회입니다. 주님의 교회를 주님께서 친히 목회하여 주시옵소서. 저나 우리 성도님들은 이 교회를 우리의 생명과 같이 사랑하고 아끼는 자리에 평생 머물 수 있도록 함께하여 주시옵소서. 예수님 가장 귀하신 이름으로 축복하며 간절히 기도드립니다! 아멘!

소그룹 나눔 및 개인 묵상을 위한 질문

1. 교회가 무엇이며 교회를 어떻게 생각하고 있는지 '교회가 주님의 몸'이라는 말에 교회를 향한 마음가짐과 태도는 어떠해야 하는지 주님께서 교회의 주인 되심을 삶 가운데 어떻게 구체적으로 실천해야 하는지 나누어 봅시다.

2. 주님을 삶의 구주와 주인으로 고백하며 영접한 계기는 무엇인지 나에게 영적인 멘토는 누구이며 어떠한 영향을 받았는지를 나누어 보고 조나단 에드워즈 그리고 티모시 드와이트와 같은 영적인 계보가 나의 생애 가운데 이루어지도록 좀 더 간절한 기도를 드립시다.

제6장

공동체(성)를 통한 추임새
(에베소서 2:11-22)

계속해서 우리 신앙생활에서 발견할 수 있는 추임새를 말씀드리겠습니다. 우리의 사명이라고 할 수 있는 기도, 예배, 믿음, 감사 등은 우리 신앙생활에서 마땅히 있어야 할 리듬, 박자라고 할 수 있습니다. 아울러 여기에 대한 실천을 통해서 우리 삶 가운데 풍성함을 누릴 수 있는 비결은 역시 사명의 내용입니다.

오늘 우리의 삶 가운데 또 하나의 추임새로 이번에는 '공동체(성)' 라는 주제를 가지고 말씀을 나누도록 하겠습니다.

어느 감성적인 사람이 길을 가다가 중고 책방을 지나게 됐습니다. 진열장 너머로 『허그하는 방법』(How to Hug)라는 제목의 책이 보였습니다. 그는 책 제목에 이끌려 책방 안으로 들어갔고 책의 첫 장을 넘기는 순간 씁쓸한 미소를 지으며 그만 책을 내려놓았습니다. 이유인 즉슨 그 책은 허그하는 법을 다룬 것이 아니라 'how부터 hug까지의 주제'를 다룬 방대한 백과사전이었습니다.

세상에서 가장 외로운 단어가 뭐라고 생각하십니까?

'외로움'입니다!

이 외로움을 해결할 수 있는 것은 바로 '구속을 통한 공동체성의 회복'을 그 해법으로 제시할 수 있겠습니다.

그렇다면 '구속을 통한 공동체로의 회복'이 어떻게 하면 가능할까요?

오늘 11절 말씀부터 함께 보셨는데, 이 말씀은 당시 '이방인'과 '유대인'의 갈등을 알아야 풀릴 수가 있습니다.

당시 이방인에 대한 유대인의 태도는 적대적이고 경멸적이었습니다. 이방 여인은 아이를 낳을 때 유대인의 도움을 받을 수 없었습니다. 이방 여인과 결혼한 남자는 집안에서 죽은 자로 간주하여 장례식까지 치르곤 했습니다. 바리새인 중에는 이방인들이 지옥의 땔감으로 사용되기 위해 지어졌다고 생각하는 사람까지 있었습니다. 이방인 역시 유대인을 경멸하고 적대적으로 대했습니다.

성경은 이와 같은 인간 소외 문제는 실상 다음과 같은 본질적인 문제를 가지고 있다고 말합니다.

첫째, 하나님으로부터 자기 자신을 소외시킨 것입니다. 그러기에 12절에 보면 모든 인류는 '그리스도 밖에' 있었습니다. 하나님의 은혜가 아니고는 구원을 소망할 수 없고, 행위대로 심판받을 수밖에 없었습니다.

둘째, '이스라엘 나라 밖의 사람'으로 하나님 통치를 거부하여 그분의 보호 밖에 놓여 있는, 하나님 나라의 시민권이 없는 상태입니다.

셋째, '약속의 언약에 대해서는 외인'이었습니다. 하나님께 복 받을 대상이 아니었습니다.

넷째, 소망이 없이 어디에서 와서 어디로 가는지 모르는 인생의 종국에 대한 보장이 없던 존재입니다.

다섯째, 하나님을 아버지라 부르지 못하고 하나님과 참된 교제를 누리지 못하는 상태에 있습니다.

이것이 우리 인류의 존재였습니다. 이런 외로움 가운데 있었던 자들을 위해 소외의 막힌 담을 '그리스도의 피'(13절)와 '자기 육체'(14절)로 허무셨습니다. 즉, 그리스도의 죽음을 통해 이 소외의 문제를 해결하셨습니다. 율법을 십자가의 은혜로 대치하여 유대인과 이방인을 하나로 묶고 새로운 신앙공동체인 '교회'를 태동시키셨습니다. 예수 그리스도를 머리로 삼는 성도, 거룩한 무리라고 불리는 새로운 인류를 만들어 내셨습니다.

또한, 16절은 그리스도의 죽음을 대변하는 십자가가 '우리 스스로 하나님과 원수 된 것을 소멸했다'고 말씀합니다. 18절은 유대인과 이방인이 화목을 이룬 뒤 그 둘이 하나가 되어 성령 안에서 하나님 아버지께 나아가는 화목을 이루었다고 말씀합니다. 이처럼 그리스도께서 이루어 놓으신 화목의 결과로 그리스도인들은 이제 전혀 새로운 신분을 소유하며 누리게 됐습니다(19절). 하나님 나라의 시민이 되어 그리스도의 지배를 받게 됐습니다. 또한, 하나님의 권속, 즉 식구(오이코스, 공동체)가 되었습니다.

그리스도께서는 친히 교회의 모퉁잇돌이 되셨습니다. 교회의 머리요 중심이며 기초입니다(20절). 계속 이어서 21-22절은 이 성전이 함께 지어지고 있음을 강조합니다. 이미 하나님의 성전이지만, 주 안에서 함께 성전이 되어가고(21절) 성령 안에서 하나님의 거하실 거룩한 처소가 되기 위하여 예수 안에서 함께 지어지는 중이라고 말씀합니다.

여기서 강조되는 부분은 '함께 지어지고 있다는 가르침'입니다. 말씀드린 대로 하나님께서는 신앙공동체인 우리 교회를 예수 그리스도를 중심으로 한 새로운 인류로 만들어 내신 것입니다. 우리 가운데 사랑이 지배하는 새로운 문화가 세워지고 죄를 혐오하는 하나님께서 기뻐하시는 선을 추구하는 새로운 가치관이 정립되어 갑니다. 우리 모두는 바로 그와 같은 인생관을 가진 지체입니다.

또한, 신앙공동체로서 우리가 함께 누리는 유익(Benefit)은 성령께서 같은 가치관과 영적 혈액형을 공유하며 동일한 진리를 바탕으로 사랑이 지배하는 문화를 창출해 가도록 우리를 하나로 묶으셨다는 데 있습니다.

이는 모두 성령님께서 행하신 일입니다. 그러므로 신앙생활은 나 혼자서만 달려갈 수 없는 길임을 잊지 말아야 합니다. 군대에서 낙오자 생기면 그 소대 전체가 낙오하는 것과 같습니다. 따라서 함께 지어져야 합니다.

우리는 서로 연결하여 주 안에서 성전이 되어 갑니다(21절). 또한, 하나님의 거하실 처소가 되어 갑니다. 우리는 그렇게 함께 지어져 갑니다(22절).

이 말씀의 의미는 무엇일까요?

우리는 구약 성경에서 이스라엘의 왕을 어떻게 평가하는지를 묵상해 볼 수 있습니다. 북왕국 19명의 왕 중에는 선한 왕이 한 명도 없었습니다. 남왕국에는 20명의 왕 중에 8명은 선한 왕으로 평가되었습니다.

그렇다면 선한 왕에 대한 성경의 평가는 어떠한가요?

그것은 그들이 어떤 대단한 업적을 이루었는가에 있지 않았습니다. 어떠한 국가적인 엄청난 큰 공을 세웠는가에 있지 않았습니다. 그들이 과연 얼마나 우상을 멀리하고 아니 타파해 버리고 만군의 여호와 하나님을 모시며, 만군의 여호와 하나님만을 쫓으며 지냈는가 하는 것이 그들에 대한 성경의 평가 기준이었습니다.

어느 한 목회자가 열심히 기도하면서 목양을 하고 있었습니다. 그러나 성도님들의 반응은 그저 냉랭하기만 하고 좀처럼 변화가 이루어지지 않았습니다. 질투와 경쟁 그리고 반목과 증오가 계속되고 있었습니다. 그래서 한 가지 아이디어를 생각해 내었습니다. 토요일에 교회에서 장례식이 있다고 광고를 한 것입니다. 토요일이 되자 성도님들이 조문하기 위해 교회에 모였습니다.

장례식이 간략히 마쳐진 후, 뷰잉(viewing)을 하기 위해서 차례대로 놓여 있는 관 앞으로 다가갔습니다. 그런데 관 안에는 시신 대신 큼직한 거울이 놓여 있었습니다. 시체는 바로 그 거울에 비친 교인들 자신이었습니다.

어느 폭력적인 정신병자 100명이 수용된 정신병원에 겨우 3명의 직원만 있었다고 합니다. 그래서 누군가 물었습니다.

"난폭한 이 환자들이 다같이 공격해 오면 어떻게 대응하시려고 세 분만 여기에 계신겁니까?"

그러자 직원 중 한 사람이 대답했습니다.

"정신병자들은 결코 단합하지 않습니다."
에베소서는 회람 서신으로 유명합니다. 회람 서신이란 다른 교회에서도 서로 돌려가면서 읽었던 서신을 말합니다. 또한, 에베소 교회는 건강한 교회로 알려져 있습니다. 건강한 교회 특징 또는 건강한 교회의 표지를 논한다면 '단합'이라고 할 수 있습니다.

주님께서는 우리 모두를 공동체로 만나게 하십니다. 그리고 성경은 우리가 서로 연결되었다고 말씀합니다. 또한, 한발 더 나아가 이렇게 명령하고 있습니다.

[엡 4:3] 평안의 매는 줄로 성령이 하나 되게 하신 것을 힘써 지키라.

이미 우리는 성령님으로 말미암아 연결되었습니다. 하나가 되었습니다. 여기에서 추임새가 들어갑니다.

'하나 되게 하신 공동체를 힘써 지켜야 합니다.'

그러면서 우리에게는 또 다른 추임새를 경험할 수 있습니다. 주님께서 우리를 하나 되게 하셔서 우리가 마땅히 힘써 지켜가는데 그 가운데서 주님께서는 우리 각자 한 사람 한 사람 자라가게 하십니다. 이것이 신비요 감사입니다.

그렇습니다. 우리 공동체는 우리를 복되게 하시려는 주님의 추임새입니다. 하나 되게 하신 것을 마땅히 지킬 때 바로 그 자리를 통해 하나님께서 우리를 자라게 하십니다. 에베소서 2장 22절에서도 '혼자'가 아닌 '함께'라고 분명하게 말씀하고 있습니다.

[엡 2:22] 너희도 성령 안에서 하나님이 거하실 처소가 되기 위하여 그리스도 예수 안에서 함께 지어져 가느니라.

이러한 '유기적 공동체(성)'의 추임새로 세워져 가는 신실한 십자가의 군병들이 되시기를 예수님 가장 귀하신 이름으로 간절히 축원합니다! 아멘!

기도

하나님, 우리에게 우리의 구원이시요 주님이신 예수 그리스도, 독생자를 아낌없이 내어주시고 주님 안에서 서로서로 연결되어 성령으로, 성령 안에서 하나 되게 하시니 감사합니다. 이미 하나가 되게 하신 은혜를 입은 우리가 말씀대로 '하나가 되게 하신 것을 힘써 지킬 수 있도록' 역사하여 주시옵소서. 하나 됨을 힘써 지켜내는 그 현장 가운데 우리 모두가 함께 세워져 가고 지어져 가는 신비와 기적이 있음을 분명히 믿고 기대함으로 바라보게 하셔서 '추임새로 세워지는 공동체'임을 유기적 공동체를 통해서, 삶을 통해서 경험하며 감사하는 신실한 주의 종, 한 분 한 분으로 세워 주실 줄 믿고 감사드리며 예수님 가장 귀하신 이름으로 축복하며 간절히 기도드립니다! 아멘!

소그룹 나눔 및 개인 묵상을 위한 질문

1. 공동체가 나에게 주는 의미는 무엇인지 특별히 신앙공동체를 통해 내가 받고 있는 혹은 받게 되는 유익은 무엇인지 내가 속한 공동체가 추구하는 가치가 무엇인지 그리고 내가 얼마나 그 가치를 공유하며 살고 있는지 나누어 봅시다.

2. '건강한 교회'를 나의 말로 어떻게 풀어 보며 표현해 볼 수 있는지 신앙공동체가 '함께 세워지기 위하여' 나의 역할은 어떠해야 하는지 나누어 보고 공동체가 축복이 될 수 있도록 간절한 기도를 드립시다.

제7장

시간을 통한 추임새

(히브리서 11:1-2)

히브리서 11장을 '믿음장'이라고 합니다. 따라서 '믿음' 자체를 추임새로 볼 수 있을 것입니다. 물론, 신앙생활이란 믿음을 갖고 살아가는 것이기에 별도로 살펴볼 필요는 없겠지만, 핵심 단어(Key word)로 '믿음'과 함께 연결해서 나누어 보도록 하겠습니다.

[히 11:3] 믿음으로 모든 세계가 하나님의 말씀으로 지어진 줄을 우리가 아나니 보이는 것은 나타난 것으로 말미암아 된 것이 아니니라.

이 말씀에서 "믿음으로"(By faith)라는 말씀으로 시작하고 있습니다. 즉, 하나님께서 천지 만물을 창조하시되 이전부터 존재하던 기존 물질을 재료로 사용하여 창조하신 것이 아니라 권능의 말씀만으로 명하여 창조하셨다는 사실, 즉 창세기 1장의 증거를 믿음으로써 받아들이는 것입니다.

여러 가지로 그 의미를 묵상하며 확인해 볼 수 있는데 가장 쉽게 이해할 수 있는 부분이 '하나님의 영원성'입니다. 우리 하나님은 영원하십니다. 그 영원하신 하나님께서 모든 세계를 만드실 때 발생한 것이 '시간'이라는 것입니다. 그러기에 하나님께서 시간 또한 창조하신 것입니다. 그러한 의미에서 '시간'이라는 것이 바로 하나님의 추임새입니다. 이 추임새인 '시간'을 우리가 살아가는 믿음의 세계에서 '올바르게 이해한다'는 것은 매우 중요하다 할 수 있습니다.

하나님의 추임새인 이 시간 속에서 살아갔던 믿음의 선배들을 성경은 믿음장이라고 하는 히브리서 11장에서 우리에게 증거하고 있습니다. 2절에 보니 "선진들이 이로써 증거를 얻었느니라"라고 말씀하는데 여기서 '증거를 얻었다'(에마루튀레쎄산)라는 표현은 1절의 "증거"(엘렝코스)와는 전혀 다른 단어입니다. 그 의미로는 '인정함을 받다'라는 뜻으로 쓰입니다.

정리해 보면 하나님께서 인정하시는 믿음의 삶으로 그들의 주어진 시간 속에서 하나님의 시간표에 맞춰서 살아갔다는 것입니다. 저는 이 시간 우리 공동체를 축복합니다. 하나님의 추임새인 우리에게 주어진 시간 속에서 우리도 '믿음의 명예 전당'에 이름이 올려지는 복된 자리로 이미 초대를 받았고 우리 모두 그 자리에 참여하는 과정에 있다는 감사와 기쁨이 다시 한번 더 회복되고 충만하게 되시기를 예수님 가장 귀하신 이름으로 간절히 축원합니다!

[시간의 추임새 Case 1 – 노아]

히브리서 11장 7절을 보면 노아는 비를 내리실 것이라는 하나님의 말씀을 듣고, "하나님을 경외했기에" 비가 내리고 있지 않았지만, 시간을 앞당겨 '자기 눈앞에서 빗물이 떨어지는 것을 보고 있는 것처럼' 방주를 열심히 건축했습니다. 건축한 기간은 무려 120년이나 됩니다. 그 기간이 쉽지만은 않았을 것입니다. 하지만, 하나님의 시간표를 굳게 믿은 결과 '그는 의의 상속자가 되었다'라고 성경은 증거합니다.

[시간의 추임새 Case 2 – 아브라함과 사라]

아브라함 역시 하나님의 부르심에 나아갈 바를 알지 못하고 주어진 현실 속에서 많은 시행착오가 있었지만, 끝까지 하나님이 계획하시고 지으실 터가 있는 성을 바랐던 것입니다(10절). 사라 자신도 나이가 많아 불가능한 현실에 있었지만, 신실하신 하나님으로 말미암아 가능하게 되는 시간을 경험하게 되었던 것입니다(11절).

[시간의 추임새 Case 3 – 요셉]

요셉의 생애는 그야말로 원망과 한숨으로 얼룩져 잃어버린 시간처럼 여겨질 수 있으나 그 가운데서 일하시는 하나님을 경험한 것을 알 수 있습니다.

> [히 11:22] 믿음으로 요셉은 임종시에 이스라엘 자손들이 떠날 것을 말하고 또 자기 뼈를 위하여 명하였으며.

히브리서 11장 22절에 보니 "믿음으로 요셉은 임종 시에 이스라엘 자손들이 떠날 것을 말하고 또 자기 뼈를 위하여 명하였으며"라고 말씀합니다(창 50:24-25, 참조). 그의 삶의 자리에서 지나온 시간 동안 '그를 형통하게 하시는 하나님'을 경험함으로 그는 400년 후에 벌어질 출애굽을 미리 바라보며 예언하고 있는 것입니다. 시간을 돌파하며 살아갔던 믿음의 영웅들입니다.

하나님의 추임새인 '시간에 대한 이해로' 우리는 예수님께서 나사로를 살리신 요한복음 11장에서 좀 더 살펴볼 수가 있습니다. 6절 '나사로가 병들었다 함을 들으시고 그 계시던 곳에 이틀을 더 유하시고'라고 기록합니다. 그러는 사이에 나사로는 죽게 됩니다.

나사로가 죽은 후에 예수님께서 나사로의 시신이 있는 베다니로 내려가십니다. 21절 나사로의 여동생 마르다가 말합니다.

"주께서 여기 계셨더면 내 오라비가 죽지 아니하였겠나이다."

또 다른 여동생 마리아가 32절에서도 똑같이 말합니다.

"주께서 여기 계셨더면 내 오라비가 죽지 아니하였겠나이다."

이 두 자매는 예수님의 능력을 분명히 믿었습니다. 자기 오빠가 아직 살아 있을 때 예수님이 오셨다면 자기 오빠를 충분히 낫게 하실 것을 두 자매는 믿고 있었습니다.

그러기에 "주께서 여기 계셨더라면"은 '주님께서 늦게 오셨습니다. 지각하셨습니다'라는 의미입니다. 그 안에는 두 자매의 서운함이 담겨 있었습니다. 그러나 그 이전 15절에 주님께서 미리 말씀하셨습니다.

"내가 거기(나사로가 죽는 자리) 있지 아니한 것을 너희를 위하여 기뻐하노니 이는 너희로 믿게 하려 함이라."

그러나 "이제 그에게로 가자 하시며" 발걸음을 베다니로 옮기셨습니다. 어떻게 보면 주님은 나사로가 죽기를 일부러 기다리셨습니다. 이틀을 더 유하시면서 완벽한 타이밍을 조정하셨습니다. 예수님께서는 결코 늦게 베다니에 오시지 않으셨습니다. 마르다와 마리아는 예수님께서 늦게 오셨다고 서운해했을지도 모릅니다. 하지만, 우리 주님은 정확한 시간을 맞춰 그 자리에 나타나셔서 죽은 지 나흘 되어 시체가 썩어 가는 나사로를 살리시며, 당신의 영광을 드러내셨으며 당신의 부활을 그 사건을 통해 선언하십니다.

"나는 부활이요 생명이니 … ."

주님의 시간표, 주님의 추임새는 단지 나사로를 살리는 정도에서 머무르는 것이 아닙니다. 다시 살아난 나사로는 언젠가는 다시 죽었을 것입니다. 물론, 마르다와 마리아에게는 어찌 보면 주님이 원망스러웠을 것입니다.

하지만, 주님의 완벽한 타이밍을 통해서 우리 주님은 단지 나사로를 다시 살리시는 이야기에서 멈추시는 것이 아니라 '나는 부활이고 생명'이라는 놀라운 선언과 진리를 보여 주십니다. 바로 그 현장을 통해서 말입니다.

'믿음장'이라고 하는 히브리서 11장은 이렇게 마무리하고 있습니다.

> [히 11:39-40] 이 사람들은 다 믿음으로 말미암아 증거를 받았으나 약속된 것을 받지 못하였으니 이는 하나님이 우리를 위하여 더 좋은 것을 예비하셨은 즉 우리가 아니면 그들로 온전함을 이루지 못하게 하심이라.

39절에 보면 앞에 나열한 믿음의 영웅들이 약속된 것을 받지 못하였다고 합니다. 그러면서 40절에 "우리를 위하여 더 좋은 것을 예배하셨다'고 말씀합니다. 여기서 "더 좋은 것"(크레이톤)이라는 말은 헬라어에서 지속적으로 '예수 그리스도의 우월성'을 나타내는 의미로 사용됩니다.

한마디로 우리는 우리 주 예수 그리스도로 말미암아 '순도 100% 복음'을 경험하게 되는 것입니다. 허물로 죽은 우리를 그리스도와 함께 살리셨고 또한 그리스도와 함께 일으키사 그리스도 예수 안에서 함께 하늘에 앉히셨습니다. 이를 일컬어 헬라어 문법에서 '예언적 과거'라고 합니다. 이것이 믿음으로 살아가는 우리의 운명이며 복음인 것입니다. 그러기에 이 복음 안에 있는 자들의 특징은 '시간에 갇혀 있지 않다는 것'입니다. 즉 '시간의 지배를 받지 않는다는 것입니다.'

우리가 [시간의 추임새 Case]의 예로 보았던 믿음의 조상 가운데 인생의 아픔과 어려움을 경험하지 않은 사람이 어디 있습니까? 그들이 항상 달콤하고 여유 있는 분위기 가운데서만 지냈던 것은 아닙니다. 믿음을 포기할 만한 상황이지만, 그럼에도 주님의 신실하심과 우리를 향하신 그 사랑을 알았기에 주님의 약속을 미리 앞당겨, 그 시간을 돌파하여 마치 지금 그 약속이 벌어지는 것 같은 주님의 추임새로 그들의 삶 가운데서 믿음을 행사했던 것입니다.

어찌 보면 우리는 실상 매일 믿음을 행사하며 살아가고 있다고 볼 수 있습니다. 우리도 모르게 믿음을 훈련하는 시간일지도 모르겠습니다. 신호등에 서 있는 그 시간이 곧 믿음을 행사하는 시간으로 훈련할 수 있습니다. 지금은 빨간불이지만, 조만간 이것이 파란불로 바뀔 것을 믿고 가만히 앉아서 기다리고 있는 것입니다.

한 통계조사에 의하면 우리가 평생 신호등 앞에서 기다리는 시간을 다 모으면 약 6개월이라고 합니다. 우리는 적어도 평생 6개월은 굳은 믿음을 행사하며 꼼짝도 않고 기다립니다. 곧 파란불로 바뀔 것이니까요.

하나님의 추임새-시간, 우리는 시간을 지배하려고 해서도 안되고 시간을 지배할 수도 없습니다. 왜냐하면, 하나님께서 시간을 창조하셨기 때문입니다. 그것이 하나님의 박자입니다. 하나님의 리듬입니다.

하지만, 우리는 더 이상 시간 아래 갇혀 사는 인생은 아닙니다. 시간을 쥐고 계신 주님께 우리 시선을 바라보며, 고정하는 이러한 시각을 소유하며 활용해야 하는 것입니다. 믿음으로 우리는 우리에게 주어진 시간을 누리며 돌파할 수 있는 것입니다.

하나님의 추임새에 오늘도 주어진 시간 가운데 믿음으로 반응하시고 행사하여 하나님께 인정받으며 복음 안에 허락받은 복된 자리를 누리며 또한 복음의 선한 영향력을 자자손손 이루어 감으로 말미암아 시간이라는 하나님의 추임새로 세워지는 삶, 가정 그리고 교회가 되기를 예수님 가장 귀하신 이름으로 축복합니다.

기도

하나님, 감사합니다. 무엇보다 우리에게 시간을 허락해 주시니 감사합니다. 우리 각자를 충성되이 여겨 주셔서 선물로, 추임새로 시간을 주셨사오니 각자에게 주어진 귀한 시간을 잘 활용하고 선용하여서 믿음으로 창출하게 하셔서 우리 주님께 "잘하였도다 착하고 충성된 종아"라는 칭찬과 축복을 받고 우리 모두가 '시간의 추임새의 사람'이 되도록 오늘도 여전히 믿음의 세계에 머물게 하여 주심에 감사드리며 예수님 가장 귀하신 이름으로 축복하며 간절히 기도드립니다! 아멘!

소그룹 나눔 및 개인 묵상을 위한 질문

1. '하나님의 시간표'가 나의 삶에 어떻게 연출되었는지 우리 주 예수 그리스도로 말미암아 '순도 100% 복음'을 경험한다는 말은 나에게 어떻게 다가오는지 나누어 봅시다.

2. '시간의 추임새의 사람'으로 나는 시간 관리를 어떻게 하고 있습니까? 그리고 시간의 지배를 받지 않으려면 어떻게 살아야 하며 그러기 위해 필요한 것이 무엇인지 나누어 봅시다.

제 2 부

언약을 통한 추임새
빼앗길 · 수 · 없는 · 언약

제1장 아담의 하나님 나라 언약

제2장 노아의 보존 언약

제3장 아브라함의 횃불 언약

제4장 아브라함의 할례 언약

제5장 모세의 시내산 언약

제6장 다윗의 왕권 언약

제7장 예레미야의 새 언약

제1장

아담의 하나님 나라 언약

(창세기 1:26-2:3)

[
너무나 소중한 언약!
빼앗겨서는 안 되는 언약!
놓쳐서는 안 되는 언약!
빼앗길 수 없는 언약!
]

언약을 통한 추임새 그 첫 번째 시간으로 〈아담의 하나님 나라 언약〉이라는 제목으로 말씀을 나누도록 하겠습니다.

창세기에서 언약이라는 단어가 처음 등장하는 곳은 하나님과 노아의 관계에서였습니다(창 6:18). 그러나 비록 언약이란 단어는 나타나지 않지만, 하나님과 인간의 언약 모형은 하나님과 아담의 관계인 천지 창조 이야기에서도 찾아볼 수 있습니다.

먼저, 하나님과 아담의 관계에서 살펴보면, 하나님은 그를 만드시고(주권자), 선물로서 땅인 에덴을 주셨고(언약 당사자 간의 이전 관계), 그 땅을 바르게 가꿀 것을 명령하셨습니다. 또한, 그 땅에서 지킬 법을 주셨다는 것(법 조항)과 순종, 불순종에 따른 축복과 저주(생명과 죽음)의 갈림길이라는 언약의 중요 요소가 분명하게 드러납니다.

이러한 요소가 언약의 존재 여부를 입증하는 것으로 볼 수 있기에 성경의 출발선인 창세기에 나타난 천지 창조의 대서사시 또한 분명히 언약의 관계를 내포한다고 말할 수 있을 것입니다.

그러기에 하늘과 땅의 창조에 관한 이야기는 어찌 보면 세상이 있게 된 근본에 대한 지식을 제공한다기보다 '인간이 이 땅에 책임 있는 존재로서의 언약 이야기'라 하겠습니다.

인간이 이 땅에 책임 있는 존재로서의 언약 이야기인 '아담의 하나님 나라 언약'의 말씀을 통해 우리에게 증거하시는 추임새 메시지는 다음과 같습니다.

1. 하나님의 형상대로 지음 받은 존재

하나님께서 보시기에 좋은 세상은 곧 '선(토브)이 이루어지는 세상'이며, '축복이 넘치는 세상'입니다. 하나님이 만드신 세상에 '선과 축복'을 이루는 것을 방해하는 모든 것은 '혼돈과 공허, 흑암의 깊은 세력'입니다.

하나님께서는 하나님의 형상을 부여받은 인간이 생육하고, 번성하여, 땅에 충만하게 되고, 나아가 땅을 정복하여 피조 세계 전체를 바르게 다스림으로서 이런 혼돈의 세력을 이 세상에서 몰아내기를 원하셨습니다. 그러므로 '하나님의 형상'이라는 표현에 농축된 정신은 바로 하나님과의 언약이라는 책임입니다.

[창 1:26] 하나님이 이르시되 우리의 형상을 따라 우리의 모양대로 우리가 사람을 만들고.

[창 1:27] 하나님이 자기 형상 곧 하나님의 형상대로 사람을 창조하시되 남자와 여자를 창조하시고.

창세기 1장 26-27절은 '하나님의 형상'이라는 매우 중요한 개념을 언급합니다. 고대 근동에서 '하나님의 형상'은 왕을 가리켰던 말이었습니다. 그렇다면 하나님이 인간을 창조하실 때 '하나님의 형상대로 만드셨다'는 말은 곧 인간을 '왕 같은 존재'로 만드셨다는 것을 의미합니다.

인간이 '하나님의 형상'(왕)대로 만들어졌다는 사실은 적어도 네 가지 의미를 보여 줍니다.

첫째, '인간의 존귀성'입니다.

창세기 1장 27절에서 "하나님의 형상대로 사람을 창조하시되 남자와 여자를 창조하시고"라고 말씀합니다. '남자와 여자'는 모든 인간을 나타내는 말로, 하나님이 모든 인간을 하나님의 형상대로 만드셨다는 것을 뜻합니다. 모든 인간은 왕같이 존귀한 존재라는 것입니다. 인간이 피조물 가운데 가장 각별하며 존귀한 존재로 창조되었음을 말합니다.

둘째, '인간의 평등성'입니다.

왕을 뜻하는 하나님의 형상이라는 말은 어느 한 사람에게만 국한되어 주어진 것이 아니고 남자와 여자, 즉 모든 사람에게 적용됩니다. 모든 인간은 다 존엄하면서도 모두 왕 같은 존재로 '서로 차별이 없다'는 것입니다. 하나님 앞에서 모든 인간은 동등한 존재입니다. 남자(바라)도 여자(바나)도 다 동등하고 모든 인간은 다 평등합니다.

셋째, '하나님의 대리 통치성'을 뜻합니다.

하나님은 우주 만물을 만드시고 하나님의 통치 상징으로 하나님의 형상을 만들어 두셨습니다. 그렇기에 인간들은 '하나님의 대리 통치자'로서 자연을 다스리는 존재입니다. 여기서 또 다른 인간, 즉 동료를 다스리라고 한 적이 없다는 점은 중요합니다. 그 어떤 인간도 인간의 다스림의 대상이 아닙니다.

[엡 5:21] 그리스도를 경외함으로 피차 복종하라.

인간이 다스릴 수 있는 대상은 오직 자신과 자연뿐입니다. 하지만, 여기서 중요한 사실은 자연에 대해서도 완전한 주권 부여가 아니라 잠정적인 대리적 통치권만 위임했다는 사실입니다. 인간은 자연의 주인이 아니라 관리자 내지는 봉사자로 부름 받은 것입니다.

넷째, '하나님과의 영적 교제의 가능성'을 말합니다.

하나님은 모든 피조물 중에 오직 인간만 하나님의 형상대로 만들었다고 명시하심으로써 '하나님과의 교제 가능성'을 열어 두셨습니다. 인간은 하나님과 직접적인 영적 교제(말씀과 기도와 찬양)가 가능한 존재로 만들어졌습니다. 말씀과 기도와 찬양을 통한 하나님과의 소통과 교제는 창조주가 인간에게 주신 선물이요 특권이라 할 수 있으며 동시에 언약적 책임이라는 측면으로 볼 수도 있겠습니다.

2. 복되고 거룩한 안식으로의 초대

본문 2장 1-3절은 창조의 완성을 두 단계로 설명합니다.

- 1단계: 창조의 완성과 하나님의 쉼을 소개합니다(1-2절).
- 2단계: 하나님이 일곱째 날을 거룩하게 하심과 그 이유를 설명합니다(3절).

본문 2장 1절은 히브리어 구문에서는 '그들이 완성되었다'라는 표현으로 시작합니다. 즉, 피조물에 초점을 두었다면, 2절은 '하나님께서 완성하셨다'는 표현으로 시작합니다. 즉, 창조자 하나님께 그 초점을 두고 있습니다. 어찌 보면 이와 같은 이치로 안식일은 일곱 번째 날입니다. 하지만, 인간의 편에서 볼 때 안식일은 첫 번째 날입니다.

우리 하나님께서는 당신의 형상으로 지음 받은 아담과 하와로 하여금 그다음 날에 안식하심으로 그들로 복되고 거룩한 안식으로 초대하셨다는 것입니다. 안식이 있는 공동체는 그야말로 창조 질서 본연의 모습을 갖춘 것이라고 할 수 있습니다.

하나님께서 직접 제정하신 단 두 기관이 바로 가정과 교회입니다. 우리가 보통 5월은 가정의 달로 지내고 있습니다. 또한, 보통 5월에 교회력으로 특별히 성령강림절이 있습니다. 성령강림절은 그야말로 교회(Universal Church/Local Church)가 탄생한 날, 즉 교회의 생일날이라고 할 수 있겠습니다.

가정과 교회의 일원이 된 우리 모두가 하나님의 형상으로 다스리는 최고의 방법은 안식일을 거룩하게 지키는 예배하는 삶을 통해서 가능하게 되는 것입니다.

바로 이러한 안식의 풍성한 자리로 주님께서는 하나님의 백성인 우리 모두를 또한 한 분 한 분을 기쁨으로 초대하고 계시는 것입니다.

이러한 안식으로의 초대는 여전히 예수님을 통해, 또한 제자들의 파송(마 11장)을 통해 복음으로 세상 가운데 흘러가고 있고 전달되고 있습니다.

> [마 11:28-30] 수고하고 무거운 짐 진 자들아 다 내게로 오라 내가 너희를 쉬게 하리라 나는 마음이 온유하고 겸손하니 나의 멍에를 메고 내게 배우라 그리하면 너희 마음이 쉼을 얻으리니 이는 내 멍에는 쉽고 내 짐은 가벼움이라 하시니라.

하나님의 형상으로 지음 받은 인간은 이 세상을 하나님이 보시기에 심히 좋은 곳으로 만들어 나갈 소명을 가지고 있으며, 이러한 안식으로의 예배는 그 소명에 추진력을 더해 주는 기능을 하며 창조의 언약을 공고하게 하는 역할 또한 담당하게 되는 것입니다.

최근에 우리 C&MA(Christian And Missionary Alliance) 교단 한인총회 감독님께서 우리 교회를 방문해 주셨습니다. 감독님의 갑작스러운 방문에 나름대로 감동이 있었습니다. 이후 지난 월요일에 지역 모임을 가진 후에 그다음 날 멕시코에 같은 서부지역회 소속 선교사님도 사역하고 해서 멕시코로 가는 스케줄이 있었습니다.

그런데 단톡방에 올라오는 스케줄이 멕시코에 갈 일정이 아닌 것 같아 보였습니다. 마침, 연락할 겨를도 없어서 저 혼자 생각에 사정이 있어, 일정이 바뀌어서 멕시코까지 못 가는가보다 하고 미처 여권을 가지고 가지 않았는데 막상 만나보니 여전히 멕시코를 방문할 계획은 바뀌지 않았던 것입니다.

계획은 바뀌지 않았는데 제가 오해하고 착각했던 것입니다. 이에 잠시 언약을 묵상했습니다. 그렇습니다. 우리 하나님의 언약은 바뀌지 않습니다. 사람이 착각하고 오해할 수 있겠지만, 그것은 사람의 생각이고 우리 하나님께서는 당신의 언약을 절대로 변경하거나 취소하지 않으시는 분이십니다.

그러면서 멕시코에서 선교하시는 윤 선교사님이 당황해하는 저의 모습을 보면서 이렇게 말씀하셨습니다.

"목사님, 착각하신 것이 아니라, 착오가 있으셨던 것이 아니라 워낙 바쁘셔서 그러신 거예요."

그 말씀에 한숨을 돌리게 되는 추임새의 자리, 안식의 순간이 있었습니다.

언약이라는 말이 나타나지는 않지만, 언약 관계를 내포하고 있는 '아담의 하나님 나라 언약'을 통해 우리는 두 가지 중요하고 주요한 메시지를 확인하게 되는 것입니다.

첫째, 하나님의 형상으로 지음 받은 존재입니다.
둘째, 복되고 거룩한 안식으로의 초대를 받았습니다.

이 추임새적 복음과 진리를 다시 한번 더 붙들고 '빼앗길 수 없는 언약'의 삶을, 그 믿음의 삶을 부단히 살아가는 신실한 언약의 백성들 한 분 한 분 우리 모두가 되시기를 예수님 가장 귀하신 이름으로 축복합니다!

기도

하나님, 감사합니다. 언약의 하나님으로 우리를 만나 주시니 감사드립니다. 변해도 바뀌어도 우리 편에서 그러는 것이지 우리 하나님께서는 우리와 맺은 그 언약을 변경하거나 파기하지 않으신다는 것을 오늘 말씀을 통해 한 번 더 확인하게 하시니, 우리 모두 각자가 하나님의 형상으로 지음 받음이 어떠함을 좀 더 깊게 깨닫고 발견하여 언약 당사자로서의 책임을 완수케 하여 주옵소서. 또한 일곱째 날을 복되게 하시며 거룩하게 하셨던 주님께서 그 복되고 거룩한 안식으로 우리 한 분 한 분을 즐거이 초대하시는 그 부르심에 반응하고 응답하여 우리 또한 감사와 기쁨으로 우리 주님의 존 전 앞에 나아가는 언약 백성의 복락을 누리게 하여 주시옵기를 주님께 간구할 때 예수님 가장 귀하신 이름으로 축복하며 간절히 기도드립니다! 아멘!

소그룹 나눔 및 개인 묵상을 위한 질문

1. '하나님의 형상'이라는 의미가 무엇인지 하나님의 형상으로 살아가려면 어떻게 해야 하는지 그렇게 하지 못하는 부분이 있다면 어떻게 극복할 수 있는지 나누어 봅시다.

2. '안식'의 경험을 이룬 적이 있는지 '복되고 거룩한 안식'을 어떻게 이룰 수 있는지 나누어 보고 마태복음 11장 28-30절의 말씀을 깊게 묵상하고 자신의 짤막한 일기(기도문)를 적어 봅시다.

제2장

노아의 보존 언약

(창세기 9:1-3)

> 너무나 소중한 언약!
> 빼앗겨서는 안 되는 언약!
> 놓쳐서는 안 되는 언약!
> 빼앗길 수 없는 언약!

놓칠 수 없으며 빼앗길 수 없는 추임새적 언약에 대해 〈노아의 보존 언약〉이라는 제목으로 말씀을 묵상하도록 하겠습니다.

노아 하면 생각나는 것이 무엇입니까?

심판(홍수), 노아의 방주, 무지개 등등이겠죠. 그런데 예수 그리스도 그분을 최고의 정점으로 하는 구속사(Redemptive Story) 중에 빼놓을 수 없는 것이 바로 '노아의 보존 언약'이라는 것입니다. 우선 복습을 한 번 더 하시면 성경에서 처음 '언약'이라는 단어가 등장하는 곳은 바로 하나님과 노아의 관계에서였습니다(창 6:18).

오늘 이 '노아의 보존 언약'을 통해 묵상하게 되는 소중한 추임새 메시지를 나누도록 하겠습니다.

1. 독점적(Exclusive)인 주님의 사랑을 붙들라!

 노아의 언약에 해당하는 본문은 생각보다 넓고 그 주제가 어찌 보면 방대합니다. 그런데 이렇게 소개해 드리고 정리하면 될 것 같습니다.
 노아와 관련해 '언약'이라는 말이 두 번 등장합니다. 홍수 이전의 상황을 다루는 창세기 6장 18절에 처음 언급되고, 홍수 이후의 문맥인 창세기 9장에서 다시 언급됩니다. 그래서 앞부분, 즉 홍수 이전에 해당하는 '구속 은총 언약'과 홍수 이후에 해당하는 '일반 은총 언약' 이렇게 두 부분으로 나뉘게 됩니다.
 저는 첫 번째 메시지를 증거하면서 앞부분에 해당하는 '구속 은총 언약'(Covenant of Redemptive Grace)에 초점을 맞추도록 하겠습니다. 오늘 본문 가운데서도 분명한 '제약' 혹은 '제한'의 말씀이 있습니다. 4절에 보시는 대로 '고기를 그 생명 되는 피째 먹지 말 것이니라'는 말씀입니다.
 앞서 홍수 이전에서 6장 18절 말씀을 보시는 대로 노아뿐만 아니라 노아의 가족에게 '방주에 들어가라'고 하십니다. 노아를 비롯한 그 가족의 새로운 인류를 보존하시려는 하나님의 의도를 볼 수 있는 것입니다.
 결론적으로 이 구속 은총 언약은 두 가지 상반된 결과를 초래합니다. 의인들에게는 구원을, 악인들에게는 멸망이 있게 되는 것입니다. 방주 안으로 들어가라는 '노아의 보존 언약'을 통해 노아와 그 가족들은 구원을 받았지만, 방주 밖의 모든 사람, 모든 인류는 멸망했습니다.

구속사적 관점에서 볼 때 노아의 방주에 관해서 흥미로운 부분이 바로 6장 14절에 있습니다. 물의 심판을 결정하시는 하나님께서 노아에게 분부하신 말씀이 '고페르' 나무로 방주를 만들고, 요즘 말로 말하면 잣나무 또 어떤 주석가는 전나무라고 하기도 합니다마는 이것이 배를 만드는 목재로 아주 적합하다고 합니다. 그 나무에 역청(히, 코페르)을 칠하라(히, 카파르)고 하십니다.

여기서 이 '카파르'는 레위기에서 자주 사용되는 '속죄하다' 라는 의미입니다. 이미 하나님께서는 노아의 방주를 디자인하시면서 '속죄'를 위한 준비를 하신 것입니다.

출애굽기 2장에서 모세를 나일강에 떠내려 보낸 '갈대 상자'를 기억하실 것입니다. 바로 그 '갈대 상자'의 어원이 바로 이 '방주'의 어원과 같습니다. 모세라는 이름은 '물에서 건짐받은 자'를 의미합니다. 방주는 바로 하나님이 인류를 위해서, 바로 우리를 위해서 설계하신 배, 즉 '구속 은총 언약'이라는 것입니다. 바로 예수 그 이름에만 구원이 있다는 말씀입니다.

이 모든 설명을 이렇게 연결할 수 있습니다. 방주 안에 들어간 자는 구원을 받는 것입니다. 예수님 안으로 들어오는 자에게는 구원이 있는 것입니다. 하지만, 세상은 특히 우리 시대에 압박하는 사상인, 불가지론(Pluralism, 다원주의)은 '방주 안으로', '예수님 안으로'의 초대를 '배타적이다'라고 이야기합니다. 하지만, 전혀 그렇지 않습니다. 배타적인 것이 아니라 그것은 '독점적'인 것입니다. 'Exclusive'라는 말은 배타적이라는 의미도 있지만, 독점적이라는 의미도 담고 있습니다.

[요 3:16] 하나님이 세상을 이처럼 사랑하사 독생자를 주셨으니 이는 그를 믿는 자마다 멸망하지 않고 영생을 얻게 하려 하심이라.

성경은 증거합니다. 우리 하늘의 아버지 하나님께서 우리 인간을 사랑하셔서 당신의 하나밖에 없는 독생자 예수 그리스도를 그 증표로, 그 언약으로 기꺼이 내어주셨던 것입니다.

이러한 복음이 어찌 배타적이라고 할 수 있습니까?

복음은 그야말로 독점적이라는 표현이 딱 어울립니다. 그리고 이러한 '구속 은총 언약'을 통해서 우리가 잊지 말아야 할 것, 상기해야 할 것은 '독점적인 주님의 사랑'에 반응하고 응답하며 강력한 그 사랑의 초대를 붙들며 살아가는 우리 모두가 되시기를 예수님 가장 귀하신 이름으로 축복합니다.

2. 복을 주시는 신실하신 하나님을 신뢰하라!

오늘 본문은 홍수 심판 후의 말씀입니다. 하나님께서는 여전히 노아의 언약을 이어가십니다. 하나님은 맨 먼저 창세기 1장 28절의 "복을 주시며 그들에게 이르시되 생육하고 번성하여 땅에 충만하라"라는 명령을 갱신하십니다. 이것은 노아의 언약을 통하여 홍수 심판 후 피조물이 자기 힘으로가 아니라 하나님의 복에 의해서 생육하고 번성하는 것임을 선언하셨습니다.

또한, 하나님께서는 사람과 동물과의 바람직한 관계를 규정하시면서, 동물에 대한 인간의 지배권을 갱신함과 동시에 피를 제외한 육식을 허용하셨습니다. 그리고 이후에 하나님은 인간이 하나님의 형상을 따라 창조됐음을 재확인하심으로써, 인간 생명에 대한 하나님의 주권을 거듭 천명하신 것입니다. 이와 같이 노아의 언약 속에는 하나님과 인간 사이의 안전하고 확실한 인격적 관계가 담겨 있다는 것입니다.

여기서 우리는 하나님께서 심판으로 모든 것을 한꺼번에 끝장내지 않으시고 인류 역사가 노아와 그의 가족을 중심으로 다시금 새롭게 시작할 수 있게 하고 계심을 알 수 있습니다. 달리 말해서 하나님은 죄를 범한 인간을 심판하시고 벌하시지만, 결코 인간 역사가 중단되게 하지는 않으신다는 것입니다.

홍수 이야기가 마무리되는 본 장은 하나님의 이러하신 언약 은총을 더욱 분명하게 보여 주고 있습니다. 홍수가 끝난 후에 하나님은 다시는 인간 때문에 땅을 저주하지 않으리라고 약속하시면서, 노아의 모든 가족과 그의 후손 및 모든 생물과 새 시대의 개막을 알리는 우주적인 언약(Cosmic Covenant)을 맺으십니다. 이 언약은 하나님이 '죄-심판(홍수)'의 원리에서 인간에 대하여 무한한 인내심을 베푸시는 '심판-은혜'의 원리로 전환하셨음을 의미합니다.

특히, 이러한 사실은 '무지개'(rainbow)라는 히브리어(케쉐트)가 갖는 본래의 일반적인 의미는 전쟁의 무기로서의 활(bow)을 의미하며, 나아가서 하나님께서 당신의 무기 사용을 포기하셨음을 상징하는 표징이라고 볼 때 더욱 확실하게 드러나는 것입니다.

이러한 모든 것은 결코 인간의 선함과 신실함에서 비롯된 것이 아니라 그것은 어디까지나 당신의 약속을 지키시고 우리 모두에게 복을 주기 원하시는 우리 하나님의 신실하심에서 비롯된 것이라는 말씀입니다.

성경에 '언약'이라는 단어가 처음으로 등장한 '노아의 보존 언약'을 통하여 묵상하게 되는 두 가지 추임새 메시지를 다시 말씀드립니다.

첫째, 독점적(Exclusive)인 주님의 사랑을 붙들라!
둘째, 복을 주시는 신실하신 하나님을 신뢰하라!

오늘날도 '노아의 보존 언약'을 신실하게 지키고 이루어 가시는 우리 주님으로 말미암아 감사하며 무엇보다 기쁨과 감격 가운데 그분의 언약 백성의 삶의 현장을 살아가는 진실하고 신실한 주의 종이 되시기를 예수님 가장 귀하신 이름으로 축복합니다.

기도

하나님, 감사합니다. 언약으로 우리 모두를 만나 주시고 특별히 약속의 이름으로 하나님의 독점적인 사랑을 나타내시고 증거하시는 예수님 가장 귀하신 이름을 우리에게 주셨사오니 부디 하나님의 언약 백성으로 살아가는 감사와 기쁨과 감격이 메마르지 않도록 오늘 말씀으로 일깨워 주시고 일으켜 주시옵소서. 그래서 늘, 항상, 언제나 복 주시기를 원하시는 신실하신 우리의 하나님만을 굳게 믿고 신뢰함으로 언약 백성의 영예와 언약 백성의 영광을 순간순간 매일의 삶 가운데서 감사로, 기쁨으로 누리며 살아가는 주의 백성, 우리 모두가 되게 하여 주시옵기를 간구하옵고 한 번 더 감사와 찬송과 영광을 주 앞에 올려드립니다. 예수님 가장 귀하신 이름으로 축복하며 간절히 기도드립니다! 아멘!

소그룹 나눔 및 개인 묵상을 위한 질문

1. '독점적인(Exclusive) 주님의 사랑'이란 어떤 의미인지 주님의 사랑에 반응하고 강력한 그 사랑의 초대에 응답하기 위하여 무엇을 어떻게 할 수 있는지 나누어 봅시다.

2. '생육하고 번성하여 땅에 충만하라'는 의미는 무엇인지 '복을 주시는 신실하신 하나님'을 삶 가운데서 어떻게 경험하게 되었는지 나누어 봅시다.

제3장

아브라함의 횃불 언약

(창세기 15:12-21)

>   너무나 소중한 언약!
>   빼앗겨서는 안 되는 언약!
>   놓쳐서는 안 되는 언약!
>   빼앗길 수 없는 언약!

 언약을 히브리어로 베리트라고 합니다. 특히, 오늘 본문인 창세기 15장에 등장하는 언약을 '횃불 언약'이라고 하는데 이 언약의 특징에 대한 이해를 돕기 위해서 지금부터 말씀드리는 것을 한번 따라 해 보십시오.

 지금 각자의 자리에서 옆의 분과 함께 오른손이 편하면 오른손으로 왼손이 편하면 왼손으로 서로의 팔뚝을 잡아보십시오. 이렇게 서로의 팔뚝을 잡는 것을 일명 '로마식 악수'라고 합니다. 자, 이제 서로의 팔뚝을 잡으셨으면, 두 분 중에 한 분이 상대방의 팔뚝을 잡은 손을 놓으십시오.

 어떻게 되었습니까?

 두 분의 연결이 끊어졌습니까?

아니요, 그렇지 않습니다. 분명 두 분 중의 한 분이 여전히 상대방의 팔뚝을 그대로 잡고 있기에 끊어지지 않고 그대로 연결이 되어 있습니다.

완전하지는 않지만, 언약을 표현할 때, 특히 오늘 본문에 나오는 하나님께서 아브람과의 소위 '횃불 언약'을 맺으시는 내용에서 '언약의 특징'을 바로 이 '로마식 악수'로 표현해 볼 수 있습니다.

다른 방법인 단어적으로 설명을 해보자면, 우리 말이나 영어로 모두 표현이 가능합니다. 우리 말에 '언약'이 있고 '계약'이 있습니다. 이 두 단어는 분명 다릅니다. 영어로도 'Covenant'가 있고 'Contract'가 있습니다. 계약(Contract)은 어느 조건이 맞지 않을 때는 일방적으로 파기하고 취소할 수가 있습니다. 이것이 계약(Contract)과 언약(Covenant)의 본질적인 차이가 되겠습니다. 언약(Covenant)은 그 성격과 의미로 볼 때, 단순히 일방적인 파기나 철회가 가능하지 않습니다.

특별히 이 횃불 언약은 시종일관 하나님께서 주도하신 언약인 것입니다. 15장 1절에서도 말씀하고 있고 오늘 본문이 시작하는 12절에서도 말씀하고 있듯이 당시 두려움과 왠지 모르는 상실감에 사로잡힌 아브람에게 나타나셔서 격려하시고 당신 자신을 계시하신 분이 하나님이십니다.

아브람에게 자손을 약속해 주시고 그의 믿음을 의로 인정하신 분도 하나님이십니다. 언약 의식의 준비를 명령하신 분도, 본 '횃불 언약식'에서 쪼갠 고기 사이를 홀로 지나가신 분도 하나님이십니다. 또한, 약속의 땅을 유업으로 주신 분도 역시 하나님이십니다.

따라서 15장 '횃불 언약'을 일컬어 '하나님 주권적 언약', '신랑의 언약', '은혜의 언약'이라고 할 수 있습니다. 그야말로 이 언약은 빼앗겨서는 안 되는 '빼앗길 수 없는' 귀하고 귀한 언약인 것입니다.

그렇다면 존귀한 그 언약, '빼앗길 수 없는 하나님과의 언약'을 이루기 위하여 우리에게 주시는 살아계신 주님의 추임새 말씀을 함께 묵상하도록 하겠습니다.

1. 하나님의 이끄심에 온전히 순종하라!

'하나님의 주권적 언약', '신랑의 언약', '은혜의 언약'인 본 장의 '횃불 언약'에서 우리가 주목할 부분이 바로 시종일관 '하나님의 주도하심의 역사'라는 것입니다.

아브람의 스토리가 시작되는 12장 1절부터 보더라도 처음부터 아브람을 갈대아인의 우르에서 이끌어 내신 분이 하나님이십니다. 게다가 하나님께서 직접 그렇게 일러 주십니다.

> [창 15:7] 또 그에게 이르시되 나는 이 땅을 네게 주어 소유를 삼게 하려고 너를 갈대아인의 우르에서 이끌어 낸 여호와니라.

또한, 앞으로 아브람의 자손들을 괴롭히는 애굽을 징벌하시며 애굽에서 큰 재물을 이끌고 나올 것을 약속하신 분이 동일한 우리 여호와 하나님이십니다(14절).

이처럼 하나님의 주도하심이 아브람의 생애에 그리고 우리 언약 백성의 삶 가운데 있게 되는 것입니다. 그런데 이 하나님과의 언약을 맺기 위하여 절차를 준비하라는 하나님의 명령에 아브람은 즉각적인 순종으로 반응하고 있습니다.

> [창 15:10] 아브람이 그 모든 것을 가져다가 그 중간을 쪼개고 그 쪼갠 것을 마주 대하여 놓고 그 새는 쪼개지 아니하였으며.

비단 여기에서뿐만 아니라 하나님께서 아브람과 언약을 맺기 위하여 갈대아 우르에서 불러내시며 하나님의 주도적인 역사를 이루신 이후로도 언약의 대상인 아브람은 꾸준하게 믿음과 순종의 삶의 자리를 지속적으로 감당해 왔던 것입니다.

하나님께서 아브람과 맺으신 언약은 너무나도 귀한 언약이기에 믿음의 조상인 아브람과 더불어 언약의 백성인 우리에게도 역시 빼앗겨서는 안 됩니다. 그러기 위해서는 아무쪼록 무엇보다 주도적으로 일하시는 하나님의 역사에 믿음으로 반응하고 순종해야 합니다. 그리하여 우리 하나님의 주권적인 언약의 역사와 현장에서 아브람과 같은 주역으로 우리 모두가 경험되어지고 그렇게 쓰임 받기를 예수님 가장 귀하신 이름으로 축복합니다.

2. 구속의 언약(the Covenant of Redemption)을 확신하며 거하라!

성경에서 구속(Redemption)이라는 단어는 상당히 중요한 의미가 있습니다. 이 구속이라는 말과 함께 우리가 주목해야 할 용어가 바로 '구속사'(Redemptive Story)라는 것입니다. 즉, 구속사적으로 살펴볼 때 아브람의 언약은 하나님께서 타락한 인류에게 베푸신 구속언약의 실제적인 시작입니다. 또 다른 말로 한다면 하나님께서 인간 개인과 최초로 맺은 언약이 바로 아브람과의 언약입니다.

노아와 맺으신 언약은 노아와 그의 아들들과 함께한 언약이었습니다. 그 이후로 하나님의 구원 역사는 아브라함 한 개인과 그의 후손 이스라엘에 집중하게 됩니다. 또한, 아브라함의 언약은 이어 모세 언약과 다윗 언약을 거쳐 예수 그리스도로 완성되는 새 언약의 정점을 향하여 흘러갑니다. 바로 이것을 구속사(Redemptive Story)라고 합니다.

본문에서 언약으로 주어진 말씀, 즉 구속사가 그대로 아브람의 후손 이스라엘 백성에게 이루어집니다. 그런데 이 구속사의 한 줄기 맥락이 아브람의 생애에서 여실히 보여지고 있습니다. 창세기 12장에서 아브람이 애굽에서 겪은 사건이 바로 출애굽의 전형적인 모형을 보여 주고 있습니다. 비단 아브람과 사래에게만 일어났던 사건만이 아니라 그와 유사한 사건이 약 500년 후에 더욱 큰 규모로 이스라엘 민족의 출애굽 시간에서 일어나게 됩니다.

제2부 제3장 **아브라함의 햇불 언약**

[창 12:10]

아브람이 기근으로 인하여 애굽에 내려감

[창 43:1; 47:4]

기근으로 인하여 이스라엘 (즉 야곱)과 그의 아들들이 애굽으로 내려가게 됨

[창 12:14-15]

사래가 바로의 처첩으로 들어감

[창 15:13(언약); 출 1:1-14]

이스라엘 백성들이 애굽에서 노예생활을 하게 됨

[창 12:17]

하나님께서 바로와 그의 집에 재앙을 내리심으로 아브람과 사래를 애굽에서 이끌어 내심

[창 15:14(언약); 출 7-11장]

하나님께서 열 가지 재앙으로 바로와 애굽을 치심으로 이스라엘 백성들을 출애굽시키심

[창 12:16, 20]

아브람이 애굽에서 나올 때 바로로부터 얻은 모든 소유를 가지고 나옴

[창 15:14(언약); 출 3:21-22; 출 12:36]

이스라엘도 출애굽할 때 애굽 사람의 물품을 취함

여기에서 볼 수 있듯이 하나님께서 사래를 바로의 궁에서 구원하신 역사는 하나님께서 아브람에게 하신 약속을 성취하기 위함이었습니다. 이와 같이 출애굽 사건은 하나님께서 아브라함과의 언약을 신실하게 지키시기 위하여 일어난 것이라는 바로 '구속사적 관점'으로 볼 수 있는 주요한 실례가 되는 것입니다.

이렇듯이 언약의 백성은 무엇보다 '구속의 언약'에 근거하고 있으며 그 언약은 예수 그리스도 안에서 성취되는 약속이라는 이 분명한 진리를 확고히 붙들고 확신하며 살아가야 하는 것입니다. 바라옵건대 부디 한 분 한 분이 '구속의 언약'에 더욱더 뿌리를 내리고 확신하며 나아가는 신실한 믿음의 종들이 되시기를 예수님 가장 귀하신 이름으로 축복합니다.

결론적으로 본문의 18절 말씀을 보면,

> [창 15:18] 그 날에 여호와께서 아브람과 더불어 언약을 세워 이르시되 내가 이 땅을 애굽 강에서부터 그 큰 강 유브라데까지 네 자손에게 주노니.

이 말씀에서 '주다'는 히브리어로 '나탄'이라고 하며 '선물을 주는 것'을 의미합니다. 이 단어는 하나님께서 이스라엘 백성에게 주실 가나안 땅을 나타내는 것으로 아주 적합한 표현입니다. 여기에서 약속의 땅에 대한 경계의 묘사(애굽 강에서 유브라데강-단순히 문자적인 뜻 외에 상징적으로)는 에덴동산의 네 강을 연상시켜 줍니다. 즉, 가나안 땅을 제2의 에덴동산으로 표현한 것입니다.

이것은 죄로 말미암아 에덴동산에서 추방당한 죄인들이 아브라함의 언약을 통해 제2의 에덴동산인 영원한 가나안 땅에 들어갈 수 있는 길이 열리게 된 것을 의미합니다.

이와 같이 이 시대를 살아가는 우리 언약 백성도 역시, '아브라함과 다윗의 자손 예수 그리스도'를 통하여 그분의 보혈의 공로로 말미암아 성령 하나님의 보증하심 가운데 허락된 '새 하늘과 새 땅'에 기쁘고 감사하게 여겨야 합니다.

또한, 이 '새 하늘과 새 땅'에 담대하고 어엿하게 들어가게 될 것을 확증하며 각자에게 주어진 삶의 자리를 '빼앗길 수 없는 언약'을 가진 자로 부단하고 뿌듯하게 감당해 가는 우리 모두가 되시기를 예수님 가장 귀하신 이름으로 축복합니다!

이제 말씀을 마무리하고자 합니다. 로마서야 말로 복음 중의 복음입니다. 특히, 로마서 8장 28절. 그리스도 안에 있는 '빼앗길 수 없는 언약의 백성'이 반드시 붙들고 살아가야 하는 너무나 소중한 말씀입니다.

> [롬 8:28] 우리가 알거니와 하나님을 사랑하는 자 곧 그의 뜻대로 부르심을 입은 자들에게는 모든 것이 합력하여 선을 이루느니라.

> [롬 8:38-39] 내가 확신하노니 사망이나 생명이나 천사들이나 권세자들이나 현재 일이나 장래 일이나 능력이나 높음이나 깊음이나 다른 어떤 피조물이라도 우리를 우리 주 그리스도 예수 안에 있는 하나님의 사랑에서 끊을 수 없으리라.

그리스도 안에 있는 언약 백성으로, '빼앗길 수 없는 존귀한 그 언약'을 소유한 백성으로 살아가며 이루어야 할, 오늘 이 시간 우리에게 주시는 두 가지 추임새 메시지는 다음과 같습니다.

첫째, 하나님의 이끄심에 온전히 순종하라!
둘째, 구속의 언약(the Covenant of Redemption)을 확신하며 거하라!

기도

귀하고 귀한 정말로 존귀한 언약입니다. 언약의 백성으로 살아간다는 것이 얼마나 복되고 복된 것인지요. 하나님, 존귀한 그 언약, '빼앗길 수 없는 그 언약'을 우리의 삶의 현장에서 늘 기뻐하며 감사하며 누리게 하여 주시옵기를 간구합니다. 그러기 위해서 주님의 주권적인 역사, 주도하심과 이끄심에 주저하지 말고 전적으로 순종하며 응답하는 믿음의 종들이 되게 하시며 '그리스도 예수 안에 있는 고백', '구속의 언약'을 거듭 확신하며 확증하는 가운데 거하며 살아가는 신실한 언약 백성, 우리 모두가 되게 하시어 각자의 생애 현장에서 '합력하여 선을 이루시는 하나님'을 간증하게 하시고 '어떠한 것도 우리를 하나님의 사랑에서 끊을 수 없다'는 생생한 그 증거로 여생 가운데 풍성과 충만과 복락으로 열매를 맺을 수 있도록, 또한 그 열매로 하나님께 모든 감사와 찬송과 영광을 올려드리는 거룩한 언약의 백성들 우리 모두가 되게 하여 주시옵기를 '구속의 언약의 온전한 주체'가 되시는 예수님 가장 귀하신 이름으로 축복하며 간절히 기도드립니다! 아멘!

소그룹 나눔 및 개인 묵상을 위한 질문

1. 나의 생애에 '하나님의 이끄심'을 무엇으로 설명할 수 있습니까? 주도적으로 일하시는 하나님의 역사에 어떻게 반응하고 순종하고 있습니까?

2. 구속사(Redemptive Story)란 무엇입니까? 구속의 언약(the Covenant of Redemption)을 어떻게 이해하고 있습니까? 구속의 언약을 확신하는 가운데 거하기 위해서 무엇을 어떻게 해야 합니까? 로마서 8장 28, 38-39절을 깊게 묵상하고 자신의 언어로 짤막한 일기(기도문)를 적어 봅시다.

제4장

아브라함의 할례 언약

(창세기 17:1-14)

[
너무나 소중한 언약!
빼앗겨서는 안 되는 언약!
놓쳐서는 안 되는 언약!
빼앗길 수 없는 언약!
]

너무나 귀중하고 소중한 언약입니다. 지난 시간에는 '아브람의 횃불 언약'을 살펴보았습니다. 이번에는 '아브라함의 할례 언약'을 추임새 메시지로 묵상하며 함께 말씀의 은혜를 나누기 원합니다.

할례의 문자적 의미는 요즘 식으로 설명하자면 남자들에게 해당되는 것으로 포경 수술을 말합니다. 따라서 남자의 생식기 포피를 베는 것 혹은 잘라 내는 것을 할례의 문자적인 의미라고 할 수 있습니다.

이 할례 또는 포경 수술에 대해 저에게 잊지 못할 하나의 에피소드가 있습니다.

제가 태어날 때 아버님께서 침례교 목사가 되셨기에 저는 줄곧 침례교 배경 가운데 자라면서 소명을 받고 침례교단 신학교인 한국침례신학대학교에 입학했습니다. 제가 입학할 당시에는 학교가 대전광 역시에 있었지만, 제가 군복무를 마치고 복학했을 때는 온천으로 유명한 유성으로 이전해서 유성 캠퍼스에서 공부했습니다.

복학 후에도 기숙사 생활을 했는데 복학한 지 얼마 되지 않을 때였습니다. 역시 복학한 친구 대부분 기숙사 임원을 하고 있었는데, 어느 날 새벽예배 특송을 기숙사 임원을 중심으로 했던 적이 있었습니다. 아주 진지하고 은혜스러운 특송으로 기억하고 있는데 특송 후에 알게 된 사실이지만, 그 특송을 했던 친구들이 같은 날짜에 함께 포경 수술을 했는데 모두 잘 마무리가 되어서 감사한 마음으로 새벽예배 특송을 자원했다는 것입니다.

그런 말을 들어서 그런지 기억을 해보니 안 그래도 특송을 하러 나오는 이 친구들의 걸음이 조금은 자연스럽지 않았던 것 같았습니다.^^ 그래도 그 특송은 나름 은혜가 있었는데 특송 가사는 "똑바로 보고 싶어요, 주님. 온전한 눈짓으로"로 시작하고 있는데 2절 가사가 "똑바로 걷고 싶어요, 주님. 온전한 몸짓으로 똑바로 걷고 싶어요, 주님. 기우뚱하긴 싫어요"입니다. 그때 기숙사 새벽예배 특송은 그 이후로 그야말로 '침신의 전설'로 우리의 기억에 지금까지 고스란히 남아 있습니다.

창세기 15장의 횃불 언약이나 오늘 17장의 할례 언약의 공통점은 역시 언약의 주체는 하나님이시라는 것입니다. 오늘 본문에도 '내가', '내 언약'이라는 표현이 연거푸 나타나고 있는데, 이는 언약의 주체가 분명히 하나님이심을 증거하는 것입니다. 아브라함의 언약 중에서 지난 '아브람의 횃불 언약'은 그야말로 '하나님의 주권적 언약'으로 혼례로 비유한다면 '신랑의 언약'이라고 말씀을 드렸습니다. 그런 반면 오늘 '아브라함의 할례 언약'을 역시 혼례로 비유한다면 '신부의 언약'이라고 할 수 있습니다.

15장 '횃불 언약'은 언약에 대한 하나님의 보장, 즉 어찌 보면 쌍방이 아닌 일방성을 강조하는데 '할례 언약'은 할례를 통해 언약에 대해서 아브라함 편의 충성과 반응을 보여 주게 되는 쌍방성을 그 특징으로 꼽을 수 있습니다. 그러기에 할례 언약은 '조건부 언약'이라고도 합니다. 왜냐하면, 하나님께서 복을 약속하신 후에 그 복을 받기 위해서 아브라함이 하나님께서 명령하신 할례를 받아야만 하기 때문입니다.

존귀한 언약, '빼앗길 수 없는 하나님과의 그 언약'을 이루기 위하여 우리에게 주시는 소중한 추임새 메시지는 다음과 같습니다.

1. 전적으로 주 하나님만을 의지하라!

역시 15장의 횃불 언약과 마찬가지로 본문에서도 하나님께서 아브람에게 나타나십니다. 그런데 아브라함의 할례 언약의 말씀인 본 장을 시작하면서 성경은 구체적으로 아브라함의 나이가 몇 세였는지를 밝히고 있습니다.

> [창 17:1] 아브람이 구십구 세 때에 여호와께서 아브람에게 나타나서 그에게 이르시되 나는 전능한 하나님이라 너는 내 앞에서 행하여 완전하라.

99세라는 나이는 자손을 이어 가기에는 인간적인 소망이 거의 끊어진 나이입니다. 그런데 여전히 하나님께서는 고령의 아브람을 통하여 자손을 이어 가겠다고 하십니다. 이처럼 자손을 보기에 절망적이고도 분명 가능하지 않은 상황에 있을 때 하나님께서 그에게 나타나셨습니다. 이때 아브람에게 나타나신 하나님은 당신을 '전능하신 하나님'(엘 샤다이)이라고 선포하십니다. 이 '엘 샤다이'는 '번성'(increase) 혹은 풍성과 관련된 의미를 갖습니다.

이렇게 나타나신 하나님은 아브람에게 '너는 내 앞에서 행하여 완전하라'라고 하십니다.

과연 아브람을 비롯해서 어떻게 사람이 하나님 앞에서 행하여 완전할 수 있겠습니까?

그러기에 이 명령은 간단하게 말씀드리면 '전적으로 하나님만 의지하라'는 말씀으로 이해해야 합니다.

자, 그럼 여기서 질문해 보겠습니다.

만일 사람이 전적으로 하나님을 의지하면 하나님 앞에서 완전해질 수 있나요?

예, 그렇습니다. '전적으로 하나님만 의지하면', '전적으로 하나님을 의지하는 자는' 주님의 말씀처럼 '주님 앞에서 행하여 완전할 수 있게 되는 것'입니다.

[시 26:1] 내가 나의 완전함에 행하였사오며 흔들리지 아니하고 여호와를 의지하였사오니 여호와여 나를 판단하소서.

아브람은 지금 상황적으로도 전적으로 하나님만 의지하지 않으면 안 되는 것입니다. 그러기에 오늘 말씀은 '아브람의 나이가 99세였다'라는 것을 강조하고 있습니다. 인간적으로 볼 때 아무런 가능성이 없는 아브람은 지금 하나님만 전적으로 의지해야 하는 것입니다.

그렇습니다. 우리 하나님은 전능하신 분이며, 아브람은 고령입니다. 하나님은 주권자이시며, 아브람은 그분의 종입니다. 그러므로 언약의 주도권은 여전히 하나님께서 가지고 계시기에 전적으로 하나님만 의지해야 합니다.

2. 언약공동체의 비전을 품으라!

15장의 횃불 언약에서는 하나님께서 아브람과의 개인적 언약에 대해서만 언급하십니다. 하지만, 오늘 17장 할례 언약을 이루어 가면서 특별히 후손과의 언약을 강조하십니다. 물론, 창세기 12장과 15장에서도 하나님께서는 아브람의 후손에 대해서 언급하시지만, 17장 본 장에서는 아브람 개인뿐만 아니라 그 후손들의 번성을 확고하게 약속하시면서 급기야 할례 언약에서는 후손 사이에 세울 언약이며 후손도 대대로 지켜야 할 언약임을 강조하셨습니다(7, 9, 10절).

더구나 할례 언약을 이루실 무렵에 하나님께서는 아브람의 이름을 아브라함이라고 바꾸어 주십니다. 그 의미는 열국의 아버지, 여러 민족의 아버지가 되게 하시겠다는 말씀입니다(5절). 단지 이름만 바꿔 주신 것이 아닙니다. 그 이름에 합당한 삶을 살라는 말씀입니다. 이

제 아브라함은 한 족장의 자리에서 모든 민족의 수장으로 탈바꿈하게 됩니다. 이제는 그야말로 언약공동체를 보다 구체적으로 세워 가며 아브라함이라는 그 이름에 걸맞게 열국의 아비로 멋지게 그의 사명을 감당할 것을 기대하신다는 말씀과도 같은 것입니다.

이 말씀은 아브라함의 영적인 후손이자 언약의 백성인 우리 모두에게 동일하게 주시는 증거의 메시지가 되는 것입니다.

[골 2:11] 또 그 안에서 너희가 손으로 하지 아니한 할례를 받았으니 곧 육의 몸을 벗는 것이요 그리스도의 할례니라.

여기서 그리스도의 할례는 무엇을 말씀하는 것일까요?

저는 이 말씀을 오늘 할례 언약의 말씀, 즉 이 두 번째 메시지에 적용할 수 있다고 봅니다. 이제는 우리도 영적인 아브라함 후손으로 족장을 넘어 열국의 수장으로 언약의 공동체를 더욱 구체적으로 세우며 섬기는 비전을 품어야 한다는 것입니다.

강소국이라고 들어보셨습니까?

강대국, 약소국은 익히 알고 있지만, 강소국은 어떤 나라를 의미하는 것일까요?

작지만 강한 나라를 강소국이라고 하는데 나열하자면 덴마크, 네덜란드, 벨기에, 오스트리아 등의 나라를 일컫는다고 합니다. 여기에서 소위 목회론으로 '강소교회론'이 소개되고 있습니다. 작지만 영적으로 강하고 복음의 선한 영향력을 이루는 성숙한 교회를 일컬어 강소교회라고 한다는 것입니다. 특히, 팬데믹 이후로 이 강소교회론의 필요성이 대두되고 있습니다.

교회는 약하지 않습니다. 그리고 약할 수도 없습니다. 예수 그리스도를 머리로 모신 교회는 결코 약해서는 안 됩니다. 물론, 규모로 볼 때 작을 수는 있습니다. 하지만, 육의 몸을 벗은 교회는, 그리스도의 할례를 지닌 교회는 복음의 선한 영향력을 드러내며 건강한 언약공동체를 세우려는 비전을 굳게 믿고 소망하는 교회가 되는 것입니다.

그리스도의 할례를 입은 우리 모두는 아브라함의 영적 후손으로, 언약의 공동체로, 무엇보다 건강하고 보다 성숙한 공동체를 세우고자 하는 구체적인 비전을 품고 기도하며 감당해야 할 것입니다. 바로 이러한 언약공동체의 주역인 우리 모두가 되시기를 예수님 가장 귀하신 이름으로 축복합니다.

3. 영원한 언약을 확신하며 사모하라!

15장 횃불 언약과 비교를 했을 때, 17장 할례 언약에서 강조하는 중요한 포인트, 즉 핵심적인 단어는 '영원한 언약'(베리트 올람)이라는 것입니다(7, 8, 13절). 위 구절들의 말씀대로 할례 언약을 통해서 아브라함의 후손에게 주어지는 축복으로 일시적이지 않은 언약, 즉 '영원한 언약'이 분명하게 강조되고 있습니다.

앞에서 말씀드렸지만, 할례 언약은 횃불 언약과 달리 자동으로 언약 백성이 되는 것은 아닙니다. 그러기에 '조건부 언약'이라는 것입니다. 즉, 하나님의 명령을 따라 자신의 포피를 베지 않은 사람은 언약 백성의 회중에 들어갈 수 없고 참여할 수 없으며, 결국에는 언약의 백성 중에서 끊어지게 됩니다.

이처럼 언약 백성 중에서 끊어지는 분명한 원인은 할례를 행하지 않은 당사자에게 있습니다. 왜냐하면, 그가 언약에 있어 주도권을 가지시며 주권자이신 하나님과의 언약을 스스로 깨뜨렸기 때문입니다.

그러기에 할례 언약은 어느 특정한 사람에게만 주어지는 것이 아닙니다. 아브라함의 집에 있는 모든 남자는 누구나 언약에 동참할 자격과 권리를 가지고 있습니다(13절). 그러므로 결국 할례를 받은 남자들은 자기 몸을 볼 때마다 할례 언약이 그들에게 유효하고 영원한 언약임을 기억하게 되는 것입니다.

이것이 아브라함의 영적 후손, 즉 그리스도의 할례를 받은 우리 언약 백성 모두가 반드시 기억하고 확신해야 하는 그리고 끊임없이 사모해야 하는 중요한 진리요 메시지가 되는 것입니다.

언약 시리즈 '아브라함의 할례 언약-빼앗길 수 없는 소중한 하나님과의 그 언약'을 정리하도록 하겠습니다. 우리에게 주시는 세 가지 추임새 메시지입니다.

첫째, 전적으로 하나님만을 의지하라!
둘째, 언약공동체의 비전을 품으라!
셋째, 영원한 언약을 확신하며 사모하라!

아무쪼록 이 복된 언약, 이 소중한 언약을 늘 기억하고 간직하셔서 언약 백성으로의 삶과 가정 또한 섬기는 삶의 현장에서 그리고 무엇보다 각자가 속한 공동체에서 누리고 나누며 부단히 증거하여 기필코 그리스도의 할례를 지닌 할례 언약의 백성으로, 그 주역들로 여생 가운데 기쁨과 감사로 멋지고 아름답게 살아가는 우리 모두가 되시기를 예수님 가장 귀하신 이름으로 축복합니다.

기도

어찌 놓칠 수 있겠습니까? 더구나 어찌 빼앗길 수 있겠습니까? 이 귀중하고 소중한 언약의 말씀을 주시니 감사드립니다. '나는 전능한 하나님이라 너는 내 앞에서 행하여 완전하라'라고 말씀하십니다. 어떻게요? 어떻게 그럴 수가 있나요? '전적으로 주 하나님만 의지할 때' 바로 그럴 때 가능하게 되는 것임을 일깨워 주시니 감사합니다. 할례 언약의 백성으로 아브라함 한 사람만이 아니라 그 후손들까지 언약공동체에 대한 비전과 소망의 말씀을 주시니 감사합니다. 이 또한 믿음으로 영접하며 비록 미약하다 할지라도 언약 백성으로 언약공동체의 구체적인 비전과 소망을 품고 주 앞에 기도드리며 감당하는 언약 백성의 주역들 우리 모두가 되게 하여 주시옵소서. 또한, 그리스도의 할례를 입은 할례 언약의 소유자로서 그저 일시적이지 않은 영원한 언약을 확신하고 확증하며 끊임없이 소망하는 멋지고 아름다운 언약의 백성들 우리 모두가 되게 하여 주시옵기를 한 번 더 주 앞에 간구하오며 또한 그렇게 인도하시고 역사하실 줄 믿고 감사와 찬송, 영광을 주 앞에 올려드리며 예수님 가장 귀하신 이름으로 축복하며 간절히 기도드립니다! 아멘!

소그룹 나눔 및 개인 묵상을 위한 질문

1. 하나님을 의지한다는 것은 무슨 의미인지 '주님 앞에서 행하여 완전할 수 있게 되는 것'(시 26:1)의 해법은 무엇인지 나누어 봅시다.

2. '강소국'이란 무엇을 의미하는지 성숙한 공동체는 어떻게 이룰 수 있는지 그렇게 되기 위해 내가 할 수 있는 역할과 사명은 무엇인지 나누어 봅시다.

3. 영원한 언약은 누구에게 주어지는지 '아브라함의 영적 후손'으로 어떻게 살아가야 하는지 나누어 봅시다.

제5장

모세의 시내산 언약
(출애굽기 19:1-6)

[
너무나 소중한 언약!
빼앗겨서는 안 되는 언약!
놓쳐서는 안 되는 언약!
빼앗길 수 없는 언약!
]

〈모세의 시내산 언약〉이라는 제목으로 말씀을 나누도록 하겠습니다. 언약은 하나님께서 그 백성과 맺으시는 약속의 말씀입니다. 이것은 구원의 하나님께서 그분이 신실하다는 것과 그 백성을 사랑하신다는 것에 기초하고 있습니다. 그러한 의미에서 언약은 끊임없이 '하나님의 주도하심'이라는 성격을 지니고 있습니다.

아브라함의 두 언약(횃불 언약과 할례 언약)으로 언약의 백성들이 그 야말로 '족장 시대'를 거칩니다. 그리고 애굽으로 건너가 바로의 종살이를 지내는 430년간의 '애굽 시대'를 지나면서 거대한 민족을 이루게 됩니다.

종의 신분으로 지냈던 애굽을 드디어 떠나게 되는 출애굽 하는 과정을 통해 홍해에서 구원을 얻은 후 하나님께서 주신 만나와 메추라기를 경험하고 므리바의 반석에서 물을 얻게 되는 놀라운 역사를 만나게 됩니다. 이어 이스라엘 자손은 그곳 르비딤에서 아말렉과 싸워 승리를 거둔 다음, 출애굽 한 지 3개월째가 되던 때 시내산에 도착합니다(1-2절).

이 시내산에서 하나님께서는 모세를 중재자로 하여 이스라엘 백성과 언약을 맺으십니다. 이 언약은 아브라함 이후로 지속되어 온 하나님과의 관계를 그야말로 정식으로 공인하는 성격의 절차가 되겠습니다. 즉, 이스라엘(궁극적으로는 예수 그리스도를 머리로 모신 교회공동체)이 하나님의 백성으로 정식 인정 받은 때는 바로 이 시내산 언약을 맺은 이후부터라는 것입니다.

아브라함 언약은 하나님 나라에 대한 골격과 구조에 대한 언약이라고 할 수 있습니다. 즉, 나라를 이루게 될 백성(자손)을 줄 것이고, 땅을 줄 것이며, 나라가 국권을 갖게 하리라는 언약이 바로 아브라함 언약인 것입니다.

반면에 시내산 언약은 그 나라의 헌법과 같습니다. 그 나라가 지향해야 할 가치가 무엇인지 그리고 그 나라의 백성의 권리와 의무가 무엇인지, 그 나라의 문화와 공동체적 성향은 어떠해야 하는지 등등 그 나라 백성의 삶과 관련된 언약이 시내산 언약입니다.

또한, 이 시내산 언약의 시점과 중요성을 우리 시대로 비유하자면 각 나라마다 유일하게 한 번밖에 없는 '제헌 국회'에 해당한다고 할 수 있습니다. 우리 한국으로 치자면 초대 대통령 이승만 정부 때이고 미국으로 보자면 역시 초대 대통령 조지 워싱턴(George Washington) 내각 때를 들을 수 있습니다. 그러기에 이 중차대한 시내산 언약은 구약 시대 중 하나인 '광야 시대'의 분깃점이 됩니다.

이처럼 중대한 시내산 언약을 전체적인 구조로 본다면, 본격적으로 준비하는 본 장인 19장에서부터 언약의 주된 내용인 십계명을 비롯한 율법이 하나님께로부터 주어지게 되는 20장을 지나 마지막 24장에서 언약 절차를 모두 마친 후 모세와 70명의 장로는 하나님 앞에서 이른바 언약의 식사를 나누는 것으로 마칩니다.

이스라엘 백성에게 언약을 주시기 이전에 본 장에서 하나님께서는 하나님의 백성들로 하여금 언약 체결의 준비를 단단히 하도록 하십니다. 준비라는 것은 어디에든, 무엇에든 중요한 과정이 되는 것입니다. 어찌 보면 준비 없이 되는 것은 없습니다. 언약 체결 이전에 반드시 준비되어야 하는 것이 있습니다. 종되었던 애굽에서 이스라엘 백성이 자유롭게 되도록 구원해 내는 것입니다. 이러한 일차적인 준비를 우선 하나님께서 이루셨다고 성경은 증거하고 있습니다.

> [출 19:4] 내가 애굽 사람에게 어떻게 행하였음과 내가 어떻게 독수리 날개로 너희를 업어 내게로 인도하였음을 너희가 보았느니라.

우리 하나님께서 하나님의 백성인 이스라엘 백성들을 어떻게 애굽에서 구원하셨는가를 말씀하고 있으십니다. 일차적인 준비(Primary Step)를 어떻게 하셨는가를 증거하고 있습니다. 즉, 종 되었던 애굽에서 그 백성을 구원해 내셔서 하나님 안에서 자유를 누릴 수 있는 백성으로 인도하신 후에 그다음으로 공식적인 언약 체결을 위해 또 다른 준비하게 하십니다. 중차대한 언약을 이루어 가기 위해 언약의 백성에게 준비시켜 주시는 추임새 메시지는 다음과 같습니다.

1. 하나님의 보물이 되는 비전을 품으라!

> [출 19:5] 세계가 다 내게 속하였나니 너희가 내 말을 잘 듣고 내 언약을 지키면 너희는 모든 민족 중에서 내 소유가 되겠고.

온 세상의 주인이 되시는 분이 우리가 섬기는 하나님이십니다. 그런 하나님께서 하나님의 백성들을 향하여 분명하게 말씀하시며 준비시키십니다.

'너희가 내 말을 잘 듣고 내 언약을 지키면 너희는 모든 민족 중에서 내 소유가 될 것이다.'

이 시내산 언약은 어디까지나 이미 조건 없이 이루어진 하나님의 구원에 감사함으로 응답하게 되는 것입니다. 또한, 그렇게 함으로써 하나님의 백성됨을 증명하는 매우 중요한 표지가 된다는 말씀입니다. 이는 마치 제사장이 일반인들과 구별되는 것처럼, 이스라엘 민족도 시내산 언약에 의해 다른 민족들로부터 구별되는 존재가 될 것을 말씀하는 것입니다.

그냥 구별된 존재만이 아닙니다. 여기서 소유는 히브리어로 '쎄굴라', 즉 '보물'이라는 의미입니다. 시내산 언약을 앞둔 시점에서 하나님께서 하나님의 백성들로 하여금 단단히 준비하게 하시는 우선된 말씀인 것입니다. 이스라엘 백성을 출애굽 시키신 것은 그저 단지 종

된 신분에서 벗어나게 하시려는 목표만이 아니라 그들을 세상 가운데서 구별된 자로 살아가게 하시려는 것이 목표입니다.

그러기에 '교회'는 문자적으로 헬라어로 에클레시아(*ecclesia*)로서 '*ek*'(밖으로)와 '*caleo*'(부르다)의 합성어입니다. '교회'의 의미는 '세상으로부터 구별된 자들'을 의미합니다. 그렇습니다. 하나님의 백성인 한 분 한 분은 하나님께서 세상으로부터 구별된 자들로 부르신 분들입니다. 그 부르심을 받은 공동체입니다.

그러기에 이 언약의 백성으로의 부르심을 오늘 재차 확인하시고 그 복된 부르심에 합당한 언약 백성으로 살아가시길 바랍니다. 그리하여 '하나님의 소유'(보물, 쎄굴라)된 믿음의 여정이 더욱 충만하고 풍성하게 우리 모두 각자의 삶 가운데서 이루어지기를 예수님 가장 귀하신 이름으로 축복합니다.

2. 언약 백성으로의 사명을 품으라!

> [출 19:6] 너희가 내게 대하여 제사장 나라가 되며 거룩한 백성이 되리라 너는 이 말을 이스라엘 자손에게 전할지니라.

세상으로부터 구별해 놓으셨으며 이제 시내산 언약으로 말미암아 보다 더욱 언약의 백성으로 살아가게 될 이스라엘 백성들을 향해 하나님께서 이렇게 증거하며 선포하십니다.

"제사장 나라가 되며 거룩한 백성이 되리라."

그런데 하나님께서 증거하며 선포하신 말씀이 그대로 이루어지게 됩니다.

> [벧전 2:9] 그러나 너희는 택하신 족속이요 왕 같은 제사장들이요 거룩한 나라요 그의 소유가 된 백성이니 이는 너희를 어두운 데서 불러내어 그의 기이한 빛에 들어가게 하신 이의 아름다운 덕을 선포하게 하려 하심이라.

여기에서 "너희"는 누구입니까?

세상 가운데서 구별된 자들, 구별된 공동체이며 예수 그리스도를 구세주와 주인, 즉 머리로 모신 우리 교회 공동체가 되는 것입니다. 구약으로 하면 이스라엘 백성이 바로 우리 주님의 교회로 불리게 되는 것입니다.

여기서 "너희", 즉 예수님으로 말미암은 "너희"는 '택하신 족속이요 왕 같은 제사장이요 거룩한 나라요 하나님의 소유된 백성이라고 증거하며 선포하고 있습니다.

하나님께서 '제사장 나라가 되며 거룩한 백성이 되리라'고 증거하시며 선포하신 하나님의 백성, 언약 백성이 이제는 하나님의 그 증거대로, 하나님의 그 선포대로 머리 되신 예수 그리스도 말미암아 예수님 안에서 "왕 같은 제사장이요 거룩한 나라요 하나님의 소유된 백성"이 되었음을 우리에게 밝히 계시해 주고 계십니다.

그렇습니다. 예수 그리스도를 머리로 모시며 살아가는 부르심을 받은 교회 공동체는, 바로 여기에 모인 주의 은총 받은 우리 모두가 되는 것입니다. 우리는 하나님의 소유된 백성, 즉 그분의 보물들임과 아울러 또한 언약의 백성으로 '제사장 나라와 거룩한 백성'의 분명한 사명이 주어지게 되는 것입니다. 하지만, 이것을 비단 사명만으로 여길 것이 아니라 '언약 백성에게 주어진 영광과 특권'으로 볼 수 있는 것입니다.

우리는 종교개혁의 후예입니다. 종교개혁의 기틀이 되는 말씀 중 하나인 베드로전서 2장 9절 말씀으로 인해 프로테스탄트(Protestant)의 중요한 정신인 '만인 제사장론'이 주창됩니다. 즉, '모든 성도가 하나님의 사역자'라는 의식이 되겠습니다.

저에게는 '사역자' 하면 저절로 떠오르는 잊을 수 없는 집사님 내외분이 계십니다. 제가 댈러스에서 사역할 때 만났던 분들인데, 그야말로 나름 '사역자 의식'을 가지고 살아가는 신실한 분들이었습니다. 저하고의 만남 이전에 그분들이 댈러스에서 겪었던 에피소드로, 남자 집사님이 저에게 나눠 주신 이야기입니다.

댈러스에 한인들이 주로 많이 사용하는 기독교 서점이 있었는데 그곳에서 물품 구입시에 "사역자는 할인(Discount)해 드립니다"라는 광고가 있었다고 합니다. 그 집사님이 서점에서 몇 가지를 구입하고 계산할 때 서점 사장님에게 물었습니다.

"사역자는 할인해 주시지요?"

"네, 맞습니다. 목사님이세요?"

"아닌데요."

"그럼, 전도사님이세요?"

"아닌데요."

그러자 그 사장님이 물끄러미 그 집사님을 쳐다보았습니다. 그래서 그 집사님이 다시 말했습니다.

"저는 ○○교회 집사인데 평신도 사역자로 섬기고 있습니다."

그러자 그 사장님은 할인해 줄 수 없다고 했습니다.

무려 500년이 넘는 종교개혁의 역사를 보유하고 있는 하나님의 백성인 우리 모두가 명심해야 하는 것은 "우리는 왕 같은 제사장이요 거룩한 나라요 그의 소유된 백성"이라는 것입니다. 예수님을 머리로 모시며 살아가는 언약의 백성인 우리 모두는 그 집사님의 의식과 같이 '사역자'로 부르심을 받았다는 것을 늘 잊지 말아야 합니다.

물론, 어느 특정 서점에서 "사역자 Discount"를 받지는 못한다고 할지라도, 분명 확신하기에는 그에 못지않게 아니 그와 비교가 될 수 없을 정도로 더욱더 복되고 풍성하고 충만한 우리의 주인이 되시는 살아계신 하나님께서 공급하시는 상급과 축복이 "왕 같은 제사장이요 거룩한 나라"로의 사명감을 가지고 섬기는 우리 모두의 삶의 여정에 준비되어 있고 예비되어 있는 줄로 믿으시기를 축복합니다.

베드로전서에서는 우리의 사명에 대해 다음과 같이 구체적으로 말씀하고 있습니다.

[벧전 2:9] 그러나 너희는 택하신 족속이요 왕 같은 제사장들이요 거룩한 나라요 그의 소유가 된 백성이니 이는 너희를 어두운 데서 불러내어 그의 기이한 빛에 들어가게 하신 이의 아름다운 덕을 선포하게 하려 하심이라.

우리를 어두운 데서 불러내어 그의 기이한 빛에 들어가게 하신 이의 아름다운 덕을 선포하며 증거하는 삶, 즉 오늘 본문 말씀과도 역시 일맥 연결이 되지 않는가요?
"너희는 내게 대하여 제사장 나라가 되고 거룩한 백성이 되리라!"
모세의 언약, 이 시내산 언약의 체결식은 이러한 말씀으로 마무리 됩니다.

[출 24:11] 하나님이 이스라엘 자손들의 존귀한 자들에게 손을 대지 아니하셨고 그들은 하나님을 뵙고 먹고 마셨더라.

즉, 하나님께서 그들에게 주신 언약을 축하하는 감사제의 성격을 갖습니다. 우리 역시 하나님께 이 귀하고 복된 언약을 허락해 주심에 감사드리기를 원합니다. 감사드릴 뿐 아니라 아무쪼록 남은 생을 복되고 아름다운 언약의 백성으로 잘 감당하시기를 예수님 가장 귀하신 이름으로 축복합니다.
결어의 말씀으로 드리고 싶은 것은 이것입니다. 무엇보다도 이 감사가 우리의 세대에서 마쳐지면 안 되겠습니다. 오늘 사명의 구체적인 내용을 성경은 이렇게 말씀합니다.

[출 19:6] 너희가 내게 대하여 제사장 나라가 되며 거룩한 백성이 되리라 너는 이 말을 이스라엘 자손에게 전할지니라.

우리 모두에게 다음 세대에 대한 사명이 주어져 있습니다. 부디 우리 각자가 다음 세대에 대한 사명 의식을 가지고 우리와 우리 다음 세대 모두가 공히 언약 백성으로 '하나님의 보물이 되는 비전을 품고' 또한 '언약 백성으로의 사명을 품고' 신실한 언약의 추임새 증인들로 세워지기를 예수님 가장 귀하신 이름으로 축복합니다.

기도

하나님, 오늘도 우리 모두를 언약 백성의 자리로 부르시고 무엇보다 그 소중한 언약을 이룰 수 있도록 준비할 수 있는 말씀을 주시니 감사합니다. 언약 백성으로 우리 모두를 구별시켜 주셨는데, 그 부르심에 합당한 삶을 이루어감으로 무엇보다 '하나님의 보물이 되는 비전'으로 우리 모두를 충만케 하시옵고 '언약 백성의 사명'으로 여생을 감사와 기쁨으로 감당하고 헌신하는 우리 모두가 되게 하여 주시옵기를 간구하오며 예수님 가장 귀하신 이름으로 축복하며 간절히 기도드립니다! 아멘!

소그룹 나눔 및 개인 묵상을 위한 질문

1. '시내산 언약'의 특징을 무엇이라 할 수 있겠는지 '하나님의 보물'이 되는 비전을 구체적으로 어떻게 품을 수 있겠는지 나누어 봅시다.

2. 사역자는 누구를 일컫는다고 생각하는지 사역자 의식을 고취하기 위해 개발해야 할 것이 무엇인지 사명을 이루는 가운데 우리 주님의 축복과 역사를 경험한 것이 있는지 우리와 우리 다음 세대가 함께 세워가는 영적 계보를 이루기 위해 간절하게 기도드립시다.

제6장

다윗의 왕권 언약

(사무엘하 7:4-17)

[
너무나 소중한 언약!
빼앗겨서는 안 되는 언약!
놓쳐서는 안 되는 언약!
빼앗길 수 없는 언약!
]

빼앗길 수 없는 언약 그 여섯 번째 시간으로 〈다윗의 왕권 언약〉이라는 제목으로 말씀을 나누도록 하겠습니다.

시편의 말씀 가운데 절반 이상이 다윗의 시편으로 알려져 있습니다. '다윗'(David) 하면 남자 영어 이름의 선호도에서 그야말로 순위에 드는 이름입니다. 그 외에도 선호하는 이름으로는 John, Daniel 등이 있습니다. 그래서 어느 분이 말하기를 미국에서 남자들이 모여 있는 곳에 돌을 던지면 분명 John, David, Daniel이 맞을 확률이 높을 것이라고 합니다.

그런데 요즘 또 다른 버전이 나왔습니다. '남자들이 모여 있을 때 돌을 던지면 John과 Daniel은 맞을 확률이 있어도 David는 없을 것이다. 거의 없을 것이다. 왜냐하면, 다윗은 돌에는 전문가이기 때문

에 돌을 던지는 것도 잘하지만, 돌을 피하는 것에도 나름대로 일가견이 있기 때문이다'라고 합니다.^^

언약 시리즈 중에 오늘은 돌을 잘 던지기만 하는 것이 아니라 돌을 잘 피하는 다윗, 다윗에게 주신 언약, 즉 그의 왕위, 왕권의 영속성을 보장하는 다윗의 언약 그래서 일명 '다윗의 왕권 언약'의 추임새 말씀을 함께 묵상하겠습니다.

'다윗의 왕권 언약'을 통해 분명한 역사로 우선 확인할 수 있는 것은 명확하게 그 언약이 이루어졌다는 것입니다. 우선 일차적으로 이스라엘의 역사를 보더라도 남북 왕국 중 북왕국 이스라엘은 열아홉 명의 왕 중에 무려 다섯 번이나 그 왕조가 갈라지게 됩니다.

하지만, 다윗의 왕권, 다윗의 왕조(Davidic Kingdom)인 남왕국 유다는 역사와 세월의 풍파 속에서도 올곧이 다윗의 한 왕조로 그 명맥을 유지하게 됩니다. 이것이 우리가 역사를 전체적으로 볼 때 알게 되는 내용입니다.

그런데 또 다른 한 편, 다윗의 왕권은 '언약'이라는 맥락에서 살펴볼 때, 하나님께서 아브람과의 횃불 언약에 이어 할례 언약(아브라함으로 개명이 되는 사건) 그리고 모세와 그 백성들과 함께 시내산 언약을 이루신 후에 다윗 때에 와서 비로소 아브라함을 비롯한 족장들에게 약속하신, 모세와 그 백성에게 약속하신 '하나님의 언약'이 성취되었다는 것입니다.

다시 말하면, 다윗왕 때에야 비로소 이스라엘이 드디어 어엿한 국민, 국토, 국권을 가진 큰 민족, 큰 나라로 가장 강성한 나라가 되었습니다. 하나님께서는 이러한 언약이라는 맥락에서 다윗에게 그 나라가 영원하고 그 나라의 위가 영원히 보전될 것을 약속하고 계시는 것입니다.

'빼앗길 수 없는 언약-다윗의 왕권 언약'의 본문을 통해 오늘 이 시간 우리 각자에게 주시는 복되고 유익한 살아계신 하나님의 말씀 그 추임새 메시지는 다음과 같습니다.

1. 하나님의 기회(Divine Opportunities)를 놓치지 말라!

오늘 본문 가운데 있는 다윗의 언약은 처음부터 마칠 때까지 선지자 나단이 중개자가 되어 하나님의 말씀을 다윗에게 전하는 형식으로 되어 있습니다.

선지자 나단이 다윗에게 증거한 내용의 핵심은 다음과 같습니다.

첫째, 다윗 시대에 성전 건축을 불허하신다.
둘째, 다윗과 다윗의 씨를 통해 세운 나라, 즉 그 왕조를 영원히 견고하게 하신다.

이러한 엄청난 약속을 주시는 가운데 하나님께서 당시 언약의 당사자인 다윗이나 현재 언약의 백성인 우리에게 주위를 환기시켜 주시는 말씀이 기록되어 있습니다.

[삼하 7:15] 내가 네 앞에서 물러나게 한 사울에게서 내 은총을 빼앗은 것처럼 그에게서 빼앗지는 아니하리라

사울에게서 하나님의 은총을 빼앗았다는 것은 무슨 말씀일까요?
하나님께서 베푸신 은총을 빼앗으신 이유는 무엇일까요?

우리는 이와 연관된 하나의 분명한 사건을 알고 있습니다. '하나님의 진멸 명령'의 하나로 사무엘상 15장 아말렉과의 전투에서 명령하신 것입니다. 하지만, 왕으로서 사울은 하나님의 명령에 순종하지 않습니다. 심지어는 적장 아말렉의 왕인 아각왕을 그대로 살려둡니다. 하지만, 아각왕은 선지자 사무엘에 의해서 결국에 처단됩니다.

이 사건으로 선지자 사무엘은 "하나님께서 왕을 버리셨다"라는 하나님의 메시지를 사울왕에게 전달합니다. 그런데 그 이후로도 사울은 여전히 왕위에서 떠나지 않았습니다.

그렇다면 선지자 사무엘이 사울 왕에게 전했던 '사울의 왕위 폐위 건'은 무엇을 의미할까요?

예, 그렇습니다. 바로 오늘 15절 말씀에 기록된 것과 같이 '하나님의 명령에 불순종한 사울에게서 하나님의 은총을 빼앗았다는 것'입니다.

그렇다면 다윗은 무엇으로 그의 왕위를 영원히 보장하시겠다는 약속을 받은 것일까요?

이후의 사건이기는 합니다만 어찌 보면 11장에서 다윗은 사울보다 더 악한 일을 저질렀던 자였습니다. 잘 아시는 '밧세바 사건-그녀가 목욕하는 것을 보았던 사건'으로 빚어진 강간죄에서 더 나아가 그녀

의 남편인 충신 우리야를 전쟁터에서 죽게 한 장본인으로 살인죄까지 저질렀던 인물이 바로 성군 다윗이었습니다.

그런데 왕권에서 폐위 되었던 사울과 달리, 오늘 말씀대로 표현하자면 '하나님에게서 은총을 빼앗긴' 사울과는 달리 다윗은 중대한 범죄를 저질렀을 때, 하나님의 은총을 가지고 찾아온 나단 선지자의 지적과 책망에 회개합니다. 자신이 바로 그 일을 일으킨 장본인이라고 '하나님 앞에서' 득죄했음을 고백했습니다.

사울과 다윗 둘 모두에게 동일한 '하나님 은총의 기회'가 주어졌습니다. 하지만, 각자의 반응에는 분명한 차이가 있었습니다. 그리고 엄청난 결과를 낳았습니다. 오늘 본문 말씀 15절과 16절은 과연 '하나님의 은총의 기회'에 어떻게 했는지에 따라 그 결과는 또 어떻게 주어지는지를 명확히 보여 주고 있습니다.

이 시간, 이 자리에 함께 모인 '주의 은총을 받은 언약의 백성'인 우리에게도 동일하게 주어지는 메시지입니다.

과연 나 또한 하나님 은총의 기회를 어떻게 반응할 것인가?

무심하게 저버릴 것인가, 아니면 하나님의 마음에 합한 사람(하마사)으로 언약의 백성으로 살아갈 것인가?

이 결정과 선택은 우리 각자에게 있는 것입니다. 아무쪼록 우리에게 주어지는 '하나님의 은총의 기회'를 놓치지 않는 믿음의 여정이 되시기를 예수님 가장 귀하신 이름으로 축복합니다.

2. 하나님께서 우리의 영원한 아버지가 되심을 확증하라!

앞서 선지자 나단이 다윗에게 증거한 내용의 핵심을 말씀드렸듯이 하나님께서는 다윗 시대에 성전 건축을 허락하지 않으셨지만, 사무엘하 7장 13-14절에서 다음과 같이 말씀하십니다.

> [삼하 7:13] 그는 내 이름을 위하여 집을 건축할 것이요 나는 그의 나라 왕위를 영원히 견고하게 하리라.

> [삼하 7:14] 나는 그에게 아버지가 되고 그는 내게 아들이 되리니 그가 만일 죄를 범하면 내가 사람의 매와 인생의 채찍으로 징계하려니와.

즉, 하나님께서는 그의 나라 왕위를 견고하게 하시며 아버지가 되어 주신다고 분명하게 말씀하십니다. 다윗 시대에 성전 건축이 허락되지는 않았지만, 이러한 다윗을 위로해 주시는 하나님께서는 그야말로 '왕조의 영속성이라는 조건 없는 무조건적 약속'을 허락해 주십니다.

다윗왕조의 아버지가 되어 주시는 하나님께서는 위의 14절에서 말씀하신 그대로 다윗의 왕권에 하나님의 주권을 여실히 행사하십니다. 그중에 가장 중요한 대표적인 사건이 '다윗의 인구 조사'(삼하 24장; 대상 21장)라고 할 수 있습니다.

또한, 하나님의 아버지 되심을 경험하며 살았던 다윗의 대표적인 고백인 시편 23편에서는 아버지되시는 하나님을 목자로 묘사하고 있습니다.

[시편 23:1-6] 여호와는 나의 목자시니 내게 부족함이 없으리로다 그가 나를 푸른 풀밭에 누이시며 쉴 만한 물 가로 인도하시는도다 내 영혼을 소생시키시고 자기 이름을 위하여 의의 길로 인도하시는도다 내가 사망의 음침한 골짜기로 다닐지라도 해를 두려워하지 않을 것은 주께서 나와 함께 하심이라 주의 지팡이와 막대기가 나를 안위하시나이다 주께서 내 원수의 목전에서 내게 상을 차려 주시고 기름을 내 머리에 부으셨으니 내 잔이 넘치나이다 내 평생에 선하심과 인자하심이 반드시 나를 따르리니 내가 여호와의 집에 영원히 살리로다.

'지팡이와 막대기로 안위(comfort)하시며 목자되시는 하나님 아버지'이심을 그의 삶을 통해 고백하고 있습니다.

또한, 다윗의 왕권에 아버지가 되어 주시는 우리 하나님께서 16절의 말씀에서 다윗 후손의 왕권에 대한 완전한 보장을 강조하시고 본 절과 평행 구절인 역대기 본문에서는 다음과 같이 기록하고 있습니다.

[대상 17:14] 내가 영원히 그를 **내 집과 내 나라**에 세우리니 그의 왕위가 영원히 견고하리라 하셨다 하라.

역대기 본문은 "내 집과 내 나라"라고 기록되어 있습니다. 즉, 다윗왕권만을 말씀하시는 것이 아니라 '하나님의 집'과 '하나님의 나라'를 말씀하고 있습니다. 우리 하나님 아버지의 집과 우리 하나님 아버지의 나라를 증거한다는 것입니다.

즉, 다윗의 왕권, 다윗의 왕위, 다윗의 왕조가 영원하리라는 약속은 다름 아닌 유다의 지파이면서 다윗의 자손으로 오신 예수 그리스도의 영원한 왕권을 통해 성취되는 것입니다. 바로 그 약속의 자리에, 그 언약의 자리에 우리 모두 역시 초대되고 있습니다.

갈라디아서 말씀에 이렇게 증거하고 있습니다.

> [갈 4:4-7] 때가 차매 하나님이 그 아들을 보내사 여자에게서 나게 하시고 율법 아래에 나게 하신 것은 율법 아래에 있는 자들을 속량하시고 우리로 아들의 명분을 얻게 하려 하심이라 너희가 아들이므로 하나님이 그 아들의 영을 우리 마음 가운데 보내사 아빠 아버지라 부르게 하셨느니라 그러므로 네가 이후로는 종이 아니요 아들이니 아들이면 하나님으로 말미암아 유업을 받을 자니라.

교회력으로 성탄절 이전에 대강절로 지킵니다. 대강절은 예수님의 오심을 준비하는 기간을 의미합니다. 초림의 예수님은 이미 오셨습니다.

이제는 다실 오실 주님이신 재림의 예수님을 기다리는 가운데 있지만, 우리 삶 가운데 여전히 영광스러운 하늘 보좌를 버리시고 낮고 낮은 이 땅에 말구유에서 태어나신 예수님, 그 아기 예수님을 모실 자리가 있는지 또한 만왕의 왕이시요 만주의 주가 되신 예수 그리스도를 우리의 삶의 가장 중심에 모시며 살아가고 있는지 부단히 점검하고 확증하는 시간이 되시길 바랍니다.

'빼앗길 수 없는 언약-다윗의 왕권 언약'의 본문을 통해 오늘 이 시간 우리 각자에게 주시는 복되고 유익한 살아계신 하나님의 말씀 그 추임새 메시지는 다음과 같습니다.

첫째, 하나님의 기회(Divine Opportunities)를 놓치지 말라!
둘째, 하나님께서 우리의 영원한 아버지가 되심을 확증하라!

오늘도 이 복되고 유익한 말씀을 붙들고 언약의 백성으로 감사하며 승리하시기를 축복합니다.

결어의 말씀으로 멕시코에 있는 어느 마을 이야기를 전해 드리고자 합니다.

멕시코의 어느 마을에 아주 진귀한 현상이 일어났습니다. 온천과 냉천이 함께 있는 곳이었습니다. 한쪽에서는 뜨거운 온천수가 솟아나고, 바로 옆에서는 얼음물처럼 차가운 냉천수가 솟아났습니다. 어느새 관광 명소가 되어 많은 사람이 그곳을 찾았다고 합니다.

어느 날 그 광경을 보며 탄성을 자아내던 관광객들 눈에 동네 아낙들이 빨래하는 모습이 들어왔습니다. 빨래를 뜨거운 온천물에 삶듯이 담갔다가 바로 차가운 물에 헹구는 것을 보고 한 관광객이 부럽다는 듯이 말했습니다.

"정말 좋겠어요. 뜨거운 물과 찬물이 동시에 나오니 얼마나 고마운 일이에요?"

그러자 가이드가 의외의 대답을 했습니다.

"그런데 저들은 감사는커녕 불평만 한답니다."

"아니 왜요? 불평할 게 뭐가 있어요?"

관광객이 이해할 수 없다는 표정으로 물었습니다.

그러자 가이드가 씁쓸한 웃음을 지으며 대답했습니다.

"비누가 안 나온다고 불평들을 쏟아 놓는다고 하네요 …."

오늘 말씀을 통해 부디 주 안에 있는 언약의 백성으로서 '하나님의 은총의 기회'인 감사를 놓치지 마시기를 바랍니다. 또한, 하나님을 우리의 아버지로, 아니 아빠 아버지로 모시고 살아가는 '자녀 된 특권'으로 인하여 더욱더 풍성한 감사와 충만한 기쁨으로 살아가는 멋지고 아름다운 신실한 언약의 백성, 우리 모두가 되시기를 예수님 가장 귀하신 이름으로 축복합니다.

기도

하나님, 언약을 세워 주시고 언약을 이루어 주시며 그 언약을 실행해 주시니 감사드립니다. 이 소중한 언약을 통해 무엇보다 하나님의 나라를 바라보며 사모할 수 있게하시니 감사드립니다. 간구하옵기는 언약 백성인 우리의 생애 가운데 하나님께서 주시고, 하나님께서 허락하시는 하나님의 기회를 부디 놓치지 않게 하시어 언약 백성으로서의 확고한 자리매김을 이루게 하여 주시옵기를 간절히 원합니다. 하나님의 백성인 우리를 구원하시고 구속하시기 위하여 친히 독생자 예수 그리스도를 이 땅에 보내시고 화목제물로 삼으시어 이제는 더 이상 종이 아닌 자녀의 명분을 허락하시고 자녀의 영을 우리의 마음에 부어 주셔서 감사합니다. 또한, 하나님을 우리의 아빠 아버지로 부를 수 있을 뿐만 아니라 그러한 언약을 누릴 수 있도록, 주의 은총으로 사랑받는 우리 모든 베델공동체 지체가 되게 하여 주시옵기를 간절히 간구합니다. 그렇게 이루어 주실 줄로 믿고 감사와 찬송과 영광을 주 앞에 올려드리며 예수님 가장 귀하신 이름으로 축복하며 간절히 기도드립니다! 아멘

소그룹 나눔 및 개인 묵상을 위한 질문

1. '하나님의 은총의 기회'를 놓쳐 버린 경험이 있는지 하나님의 기회를 놓치지 않기 위해 무엇을, 어떻게 준비해야 하는지 나누어 봅시다.

2. 하나님께서 우리의 영원한 아버지가 되신다는 말씀이 나에게 어떤 의미를 주는지 '하나님의 자녀된 특권'을 무엇으로 말할 수 있겠는지 하나님을 '아빠 아버지'라고 간절히 부르며 주님을 보다 깊이 묵상하는 시간을 가져 봅시다. 또한, 짧막한 묵상 일기 혹은 기도문을 적어 봅시다.

제7장

예레미야의 새 언약

(예레미야 31:31-34)

너무나 소중한 언약!
빼앗겨서는 안 되는 언약!
놓쳐서는 안 되는 언약!
빼앗길 수 없는 언약!

그 일곱 번째 마지막 시간으로 〈예레미야의 새 언약〉이라는 제목으로 말씀을 묵상하도록 하겠습니다.

우선 구약성경에서 새 언약(베리트 하다샤)이라는 단어는 오늘 본문 예레미야 31장 31절에 단 한 번 언급됩니다.

예레미야 하면 이야기하지 않을 수 없는 것이 저의 영어 이름을 Jeremy로 했다는 것입니다. Jeremiah의 줄인 이름인 Jeremy로 사용하고 있습니다. 저의 한글 이름(First name)의 첫 글자 'J'와 연결되는 이름을 찾다 보니 Jeremy라는 영어 이름을 가지게 되었습니다.

그런데 예레미야에 대해서 묵상하고 나니 '예레미야 애가'가 있을 정도로 '눈물의 선지자'로 일컬어지는 고난과 핍박을 많이 경험했던 선지자라는 것입니다. 아뿔싸 '내가 영어 이름을 잘못 지었나 보다'

했는데, 어느 순간 하나님께서 저에게 이런 생각과 마음의 울림이 있었습니다.

'그래, 목회자, 특히 목양을 하는 사람으로 눈에서 눈물이 마르면 안 되겠다.'

성도님들을 향한 목양의 눈물이 마르지 않도록 주님께서 은혜를 베풀어 주시도록 부족한 저를 위해 기도 부탁드립니다.

오늘 새 언약의 말씀, 예레미야를 통해 살펴보면, '새 언약'은 '회복의 책'이라고 명명하는 예레미야 30-33장에서 선포하는 미래의 회복을 증거하는 말씀의 한 부분입니다.

예레미야가 이 말씀을 선포할 당시는 예루살렘 주민들 일부는 이미 바벨론에 포로로 끌려가 있고, 솔로몬이 지어서 봉헌한 예루살렘 성전은 파괴된 암담한 상황이었습니다. 이 말씀은 그러한 가운데 전해진 미래에 있을 회복에 대한 말씀입니다.

즉, 예루살렘의 파괴를 생생하게 목격했던 백성과 성전 파괴 이후에 바벨론 포로의 삶을 살아가야 할 유다 백성에게 그들을 위한 하나님의 새로운 계획이 있음을 알리는 '하나님의 마스터 플랜'이 바로 새 언약인 것입니다.

'베리트 하다샤-새 언약' 특히, 예레미야의 새 언약 말씀을 통해 우리에게 증거하시는 추임새 메시지는 다음과 같습니다.

1. 하나님의 주도적인 행하심을 인정하라!

본문의 내용은 미래의 어느 때에 '이스라엘 및 유다 집'과 새 언약을 맺으실 것이라는 약속입니다. 이어서 32절과 33절은 새 언약의 성격을 묘사하는 부분으로 내용 면에서 볼 때 서로 대조를 이룹니다. 32절은 과거에 하나님이 그들의 조상들과 맺었던 언약을 언급하고, 33절은 미래에 맺으실 언약의 특성을 설명하고 있습니다.

32절의 과거의 그때는 '출애굽 하여 광야에서 언약을 맺던 때'이며, 그들의 조상과 맺은 언약이란 '시내산 언약'임을 이해할 수 있습니다. 또한, 왜 시내산에서 맺은 언약에 문제가 생겼는지를 설명하고 있습니다. 먼저, 언약 자체에 하자가 있다고 말씀하시지 않습니다. 문제는 바로 언약 당사자로 섰던 조상들의 삶을 문제 삼고 있습니다. 하나님께서는 "내가 그들의 남편이 되었어도 그들이 내 언약을 깨뜨렸다"(32절)라고 지적하십니다.

한편, 33절은 32절과 대조적으로 새 언약의 성격을 밝힙니다. 33절은 출애굽 백성과 비교하여 대표성을 띤 '이스라엘 집'과 새 언약을 맺으실 것이라는 사실로 시작합니다. 여기에서 주목할 표현은 "내가 … 을 할 것이다"라는 하나님의 1인칭 화법으로 미래에 도달할 언약 역시 우리 하나님께서 주도적으로 행하실 것임을 강조하고 있습니다.

그동안 살펴보았던 언약 모두의 특징이 하나님의 주도성에 있습니다. 이 새 언약 또한 마찬가지로 하나님의 주도적인 행하심이 강조되고 있습니다. 여기서 놓쳐서는 안될 것은 언약과 새 언약에 있어서 하나님의 주도성이 강조된다고 해서 하나님의 주도하심에 우리의 반응과 응답이 없어도 된다거나 약화되도록 조장해서는 안 됩니다.

미국에서 최근 일어난 '에즈베리의 부흥' 역시 하나님의 주도적인 역사였습니다. 하지만, 하나님의 주도성(Divine Initiative)에는 그의 백성들의 반응과 응답이 동반되고 있음이 자명합니다.

『팀 켈러의 센터처치』라는 책에서 복음적 부흥이라는 담론을 담은 팀 켈러 목사는 다음과 같이 말했습니다.

> 진정한 부흥이란 오히려 성경의 통상적인 역사가 강화되는 일을 말합니다. 여기서 통상적인 역사란 죄를 깨닫게 하시고 회심하도록 이끄시며 구원의 확신을 주실 뿐만 아니라 성화 되도록 우리를 거룩하게 하시는 과정을 말합니다. 이러한 역사가 강력하게 일어나서 교회와 모임과 교단과 도시와 나라에 확대되면 부흥이 일어난 겁니다.

에즈베리 부흥의 후기에서 한 간증자는 이렇게 증거합니다.

> 부흥은 겸손히 말씀을 전한 사람, 오랜 세월 눈물겨운 기도로 하늘을 울린 사람, 회개의 무릎을 꿇고 강단 앞으로 나아간 모든 분을 통해 하나님께서 행하시는 하나님의 역사입니다.

이 또한 오순절 성령 강림의 마가 다락방에서도 동일한 형태를 보여 주고 있습니다.

[행 2:1] 오순절 날이 이미 이르매 그들이 다같이 한 곳에 모였더니.

이는 이미 예수님께서 그들에게 분부하여 일러 주신 말씀이었습니다.

[행 1:4] … 예루살렘을 떠나지 말고 내게서 들은바 아버지께서 약속하신 것을 기다리라.

[행 1:14] 여자들과 예수의 어머니 마리아와 예수의 아우들과 더불어 마음을 같이하여 오로지 기도에 힘쓰더라.

그러면서 드디어 하나님께서 행하시는 하나님의 역사로 '오순절 성령 강림'의 역사가 있게 된 것입니다. 이어서 베드로가 소위 '오순절 설교'를 하게 됩니다. 그런 후에 성경은 그들의 반응과 응답을 이렇게 기록하고 있습니다.

[행 2:37-38] 그들이 이 말을 듣고 마음에 찔려 베드로와 다른 사도들에게 물어 이르되 형제들아 우리가 어찌할꼬 하거늘 베드로가 이르되 너희가 회개하여 각각 예수 그리스도의 이름으로 세례를 받고 죄 사함을 받으라 그리하면 성령의 선물을 받으리니.

에즈베리의 부흥과 동일하게 기도의 준비가 있었고 회개의 역사가 이어졌던 것입니다. 이러한 하나님의 주도하심이 새 언약을 이루시는 역사 가운데 우리 모두에게 동일하게 드러나게 되는 것입니다. 단지, 우리의 응답과 반응이 어떠하냐는 것입니다. 어떠한 반응과 응답이 나타나느냐 하는 것입니다.

부디 이처럼 하나님의 행하시는 하나님의 역사에 적극적인 참여와 동참의 자리와 현장이 있게 되시어 하나님께서 주도적으로 행하시는 '새 언약의 백성'으로 살아가는 우리 모두가 되시기를 예수님 가장 귀하신 이름으로 축복합니다.

계속해서 '베리트 하다샤-새 언약' 특히 예레미야의 새 언약 말씀을 통해 우리가 붙들어야 할 또 하나의 추임새 메시지를 살펴보겠습니다.

2. 언약 관계의 온전한 회복과 그 약속을 붙들라!

앞서 말씀을 드린 대로 현재 유다는 절망적인 상황입니다. 그런데 이 절망의 상황에서도 우리 하나님께서는 당신의 백성이 포로가 된 지 70년 만에 회복되리라는 위로의 메시지를 주십니다. 그 메시지의 핵심은 시내산 언약보다 더 나은 언약인 '새 언약'을 세우시겠다는 것입니다.

오늘 본문의 말씀에는 새 언약과 시내산 언약의 차이점이 드러나 있습니다. 새 언약의 가장 큰 특징은 하나님의 법을 백성 속에 두며 '그 마음'을 기록한다는 것입니다.

하나님의 법을 마음에 기록한다는 것은 무엇을 의미할까요?

시내산 언약의 십계명은 돌판에 그리고 다른 율법들은 두루마리에 기록되었습니다. 즉, 순종을 요구받는 백성의 내부가 아닌 외부에 씌인 것입니다. 이 말은 하나님의 법이 하나님의 백성과 멀리 떨어져 있었다는 뜻입니다.

하지만, 이제 새 언약은 하나님의 법을 백성의 '마음판'에 기록함으로써 하나님의 법과 가까이 살면서 그 법을 순종하게 하시겠다는 하나님의 의지를 보여 주신 것입니다. 동시에 백성의 마음 안에 거하시는 성령님께서 그들의 삶을 새롭고 더 깊은 방식으로 인도하실 것을 천명하고 있습니다.

구약성경 안에서 새 언약(베리트 하다샤)이라는 용어는 예레미야 31장에서만 나타나고 에스겔 36장 26-27절은 예레미야의 새 언약 개념에서 조금 더 확대되어 가는 듯하지만, 새 언약의 말씀과 아주 유사한 구체적인 내용을 담고 있습니다.

> [겔 36:26-27] 또 새 영을 너희 속에 두고 새 마음을 너희에게 주되 너희 육신에서 굳은 마음을 제거하고 부드러운 마음을 줄 것이며 또 내 영을 너희 속에 두어 너희로 내 율례를 행하게 하리니 너희가 내 규례를 지켜 행할지라.

예레미야 31장에서 새 마음을 말씀하신 후 에스겔 36장에서 새 영을 덧붙여 언급하십니다. 예레미야 31장은 문자적으로 하나님의 영에 대해 언급하지 않지만, 에스겔 선지자는 새 언약을 성취해 가는 분이 하나님의 영, 즉 '성령'이라고 증거하고 있습니다.

즉, 하나님의 법이 백성의 마음에 새겨질 뿐만 아니라, 하나님의 영이 백성의 마음에 내주하심으로 하나님의 뜻을 행하게 하실 것이라는 약속의 말씀입니다.

오늘 본문의 새 언약의 특징은 34절에서 하나님께서 "내가 그들의 악행을 사하고 다시는 그 죄를 기억하지 아니하리라"라고 말씀하십니다. 즉, 온전한 죄 사함을 주시리라는 약속의 말씀인 것입니다. 하나님께서 예레미야와 에스겔을 통해 주신 새 언약에 대한 약속은 결국 당신의 아들 예수 그리스도를 통해서 완전히 성취됩니다.

신약 성경에 의하면 그리스도는 새 언약의 중보자이시며(히 8:7-13), 하나님 자신의 피로 새 언약을 세우십니다(눅 22:20). 물론, 시내산 언약도 피로 세운 새 언약이며 아브라함 언약 역시 피로 세운 언약입니다.

우리 예수 그리스도께서는 십자가에서 피 흘려 죽으심으로 단번에 죄의 삯을 지불하셨습니다(히 9:12). 예수 그리스도의 희생을 말미암아 그리스도를 믿는 모든 사람에게 우리 하나님의 완전한 용서가 주어집니다(롬 3:21-24). 그리고 믿는 이들의 마음에 성령님께서 내주하셔서 하나님의 뜻을 따라 살도록 인도하십니다(롬 8:9-15). 그래서 우리는 모두 마침내 왕 같은 제사장이 되어 하나님께 직접 나아갈 수 있게 되는 것입니다(벧전 2:9-10).

한마디로 이 새 언약을 통해 하나님의 백성이 누리게 되는 특권은 정말 엄청납니다!

이보다 더 크고 기쁜 소식이 어디 있겠는지요?

What a great and joyful gospel!

하지만, 여기서 끝나서는 안 될 것입니다. 구원의 목적은 하나님의 영광을 위한 것임을 놓치지 말아야 합니다. 죄의 짐에서 벗어난 성도들은 성령 하나님의 역사하심으로 다른 사람이 말하지 않는다 해도 그들의 마음에 심긴 말씀의 요구를 만족시킬 수 있게 될 것입니다(롬 8장, 참고). 그러기에 이 땅을 살아가는 신약 시대 성도들의 영적 싸움은 여전히 종말론적 긴장 속에서 거룩하고 영광스러운 변화를 경험해 가는 삶이라고 말할 수 있습니다.

오늘도 이와 같은 '언약 관계의 온전한 회복과 그 약속'을 새 언약을 통해 붙들며 살아가는 신실한 주의 백성들 우리 모두가 되시기를 예수님 가장 귀하신 이름으로 축복합니다.

베리트 하다샤-새 언약, 오늘 이 새 언약의 말씀을 통하여 하나님의 주도적인 행하심, 즉 하나님께서 행하시는 하나님의 역사를 전적으로 인정하며 또한 반응하고 응답할 뿐 아니라 언약 관계의 온전한 회복과 그 약속을 굳게 붙들며 하루하루, 순간순간 거룩하고 복되며 영광스러운 변화를 경험하며 이루어 가는 '새 언약의 백성들, 새 언약의 주역들' 우리 모두가 되시기를 예수님 가장 귀하신 이름으로 축복합니다.

기도

예, 하나님. 우리에게 소원이 있습니다. 진정한 부흥의 날이 속히 임하는 것. 새 언약의 백성으로 살아가는 현장의 자리가 하나님께서 행하시는 하나님의 역사 가운데 우리를 통하여 이루어지게 하여 주시옵소서. 새 언약의 역사가 비록 하루아침에 이루어지지 않는다 할지라도 우리 주님 다시 오실 때까지 아니 우리가 주님 나라 갈 때까지 부단히 언약 관계의 온전한 회복과 그 약속을 굳게 붙들며 하루하루, 순간순간 거룩하고 복되며 영광스러운 변화를 경험하며 이루어 가는 '새 언약의 백성들, 새 언약의 주역들' 우리 모두가 되도록, 성령의 기름 부으심과 충만하심으로 역사하여 주시옵기를 주 앞에 머리를 숙이며, 옷깃을 여미며 예수님 가장 귀하신 이름으로 축복하며 간절히 기도드립니다! 아멘!

소그룹 나눔 및 개인 묵상을 위한 질문

1. '하나님의 주권'이 나의 삶에 어떠한 의미가 있는지 '하나님의 주도성'에는 어떠한 특징이 있는지 '하나님께서 행하시는 하나님의 역사'로 꼽을 수 있는 중요한 사례로 어떠한 것이 있는지 나누어 봅시다.

2. '거룩하고 영광스러운 변화를 경험해 가는 삶'이란 무엇인지 나에게 해당하는 소중하고 특별한 이야기가 있는지 거룩하고 복되며 영광스러운 변화를 이루어 가기 위해 구체적으로 어떻게 해야 하겠는지 그에 대한 어려움은 무엇이며 어떻게 극복할 수 있겠는지 나누어 봅시다.

CLC 언약신학 시리즈

❶ 계약신학과 약속
토마스 맥코미스키 지음
김의원 옮김
신국판
268면

❷ 계약신학과 그리스도
팔머 로벗슨 지음
김의원 옮김
신국판
304면

❸ 은혜계약
윌리암 핸드릭슨 지음
오창윤 옮김
신국판
100면

❹ 새 언약과 새 창조
윌리엄 덤브렐 지음
장세훈 옮김
신국판
246면

❺ 언약과 구속
이순태 지음
신국판
214면

❻ 언약신학과 종말론
윌리엄 J. 덤브렐 지음
장세훈 옮김
신국판
472면

CLC 언약신학 시리즈

❼ 계약 신앙
앤드류 머레이 지음
이성강 옮김
사륙판 양장
165면

❽ 출애굽과 시내산 계약
어니스트 W. 니콜슨 지음
김정훈 옮김
신국판
110면

❾ 하나님의 언약
아더 핑크 지음
김의원 옮김
신국판
424면

❿ 점진적 세대주의 (하나님 나라와 언약)
크레이그 블레이징,
대럴 박 지음
곽철호 옮김
신국판
432면

⓫ 새 언약의 비밀
말콤 스미스 지음
황의무 옮김
신국판
314면

⓬ 칼빈의 언약사상
피터 A. 릴백 지음
원종천 옮김
신국판
504면

⓭ 새 언약의 삶
로이 헷숀 지음
조상원 옮김
사륙판 양장
352면

⓮ 언약과
그리스도의 복음
임덕규 지음
하경택 옮김
신국판 양장
304면

⓯ 마이클 호튼의
언약신학
김찬영 지음
신국판
448면

⓰ 언약신학 연구
박영호 지음
신국판
572면

⓱ 언약사상사
서요한 지음
신국판 양장
496면

⓲ 언약 연구의
새 지평
이병은 지음
신국판
256면

CLC 언약신학 시리즈

⑲ 더 뉴커버넌트 신학(개정증보판)
송영재 지음
신국판
516면

⑳ 언약신학과 세대주의 이해
R. 토드 맹굼(R Todd Mangum) 지음
김장복 옮김
신국판
256면

㉑ 언약으로 성경읽기
토마스 R. 슈라이너 지음
임요한 옮김
사륙변형
200면

㉒ 언약과 구원론
마이클 호튼 지음
김찬영, 정성국 옮김
신국판
600면

㉓ 언약과 기독론
마이클 호튼 지음
김진운 옮김
신국판
548면

㉔ 언약과 교회론
마이클 호튼 지음
김진운 옮김
신국판
584면